No hay mal que dure 100 años

NI MUJER QUE LO RESISTA

ROSAURA RODRÍGUEZ

No hay mal que dure 100 años

NI MUJER QUE LO RESISTA

grijalbo

A Rosa y a Aura por ser la historia.
A Soco por ser la fuente inagotable de todo.
A Soqui por la admiración y el respeto.
A Nany, lo más cercano a mi maternidad.
A Tico por apoyar la brisita.
A mi Gordi por la complicidad de los sueños.
Y a todas las mujeres que han enriquecido mi vida.

NO HAY MAL QUE DURE 100 AÑOS NI MUJER QUE LO RESISTA

© 1997, Rosaura Rodríguez

Ilustraciones de portada e interiores: José Hernández

D.R. © 1997 por EDITORIAL GRIJALBO, S.A. de C.V.
    Calz. San Bartolo Naucalpan núm. 282
    Argentina Poniente 11230
    Miguel Hidalgo, México, D.F.

ISBN 970-05-0756-4

IMPRESO EN MÉXICO

Índice

1. Adán, el primero de muchos

La mitad del cielo la detienen los hombres;
la otra mitad, las mujeres.

Proverbio chino

Llevo 241 y todavía me faltan aproximadamente 168. Ciento sesenta y ocho cólicos más, 168 síndromes premenstruales, 168 retenciones de agua, 168 lloradas sin motivo aparente, 168 irritantes arranques de rabia, 168 veces más en las que me voy a sentir el ser más infeliz e irracional del planeta. ¿Pero qué hice yo de malo para merecer semejante castigo? Nada. Simplemente nací mujer.

Hubo una época de mi vida en la que creí que todo este engranaje tenía su explicación en esa primera mujer llamada Eva. Por lo menos así me lo explicaron de niña. Eva le daba la manzana a Adán, se cometía el pecado original y nosotras pagábamos desangrándonos mensualmente. Sí, el periodo nos había sido enviado justo en el momento en que las mujeres empezábamos a ser seres sexualmente activas y podíamos gozar de nuestro cuerpo y sensibilidad. Desde entonces, la historia nos predestinaba a padecer un pequeño recordatorio del pecado de Eva, de lo costoso que podía salirle a la mujer la seducción, del desatino que puede ser el tentar al sexo masculino, de lo que más tarde sería reconocido a nivel mundial como machismo. Todo porque el señorito Adán se dejó tentar encantado, fascinado con la idea de la seducción. Al fin y al cabo estaban solos, completamente desnudos, en el paraíso y sin nada excitante que hacer entre tanta belleza. Así que cuando la tonta de Eva, en un ataque de romanticismo, le ofreció la manzana estoy segura de que él no se hizo del rogar pero a la hora de rendir cuentas ante Dios, Adán se lavó las manos como lo haría Pilatos años después y nos echó la culpa a nosotras con la famosa frasecita: "La mujer que me diste por compañera me dio del árbol prohibido y comí". Como si el pobrecito no hubiera tenido una boca para decir que no, ni voluntad para resistirse.

Con el tiempo y la experiencia que te da el conocer mejor a los Adanes de este mundo, tuve que asumir que la pobre Eva no había sido más que la víctima número uno del machismo. Sacada de una costilla y con la conciencia que tenemos todas las mujeres de que hay que complacer al hombre en todo, lo único que ella hizo fue cumplir con la labor de compañera, pero como vivía en un mundo dominado por el hombre se tuvo que conformar con ser la mala del paseo. Adán pagó su debilidad sudando para poder comer de las hierbas porque a partir de ese momento la tierra sería maldita y ya no tendría tantas delicias. A Eva, por seductora, se le multiplicaron los trabajos de las preñeces y se le agregaron los dolores de parto. Todo este ensañamiento por la simple y sencilla razón de que Adán no supo dar la cara por su mujer. Cosa que no es de extrañar, ya que si nos vamos un poco más atrás en la historia hebrea nos daremos cuenta de que los problemas femeninos de Adán eran viejos. Sí, este famoso primer hombre ya le había dado la espalda a otra mujer. En pocas palabras, era lo que hoy en día se llama un divorciado pero me imagino que como tenía conexiones en el cielo ese matrimonio le fue anulado e ingresa a la Biblia con cero kilómetros, olvidándose por completo de aquella primera víctima llamada Lilith.

Como muchos divorciados que conozco, Adán decidió que no había tenido vida antes que Eva y que éste era el comienzo de todo. Pero como hay mañas que no se pueden olvidar, lo traicionó la líbido y cuando Eva lo trató de seducir recordó todos los placeres carnales que había vivido con la ex. Sí, en esa primera creación Adán y Lilith eran la pareja ideal hasta el punto de que Dios los había sacado a ambos del barro y nos había dado a las mujeres el privilegio de la igualdad. Los problemas maritales se iniciaron un día en que Lilith, aparentemente aburrida de que siempre lo hicieran en la misma posición, algo muy normal en esta época, le pidió a Adán que la dejara a ella ponerse arriba. Lamentablemente este primer hombre no conocía aquello que dice que en la variedad está el placer y esta pequeña sugerencia se le convirtió en un atentado contra su masculinidad. Se negó rotundamente y ella le sacó en cara lo de la igualdad.

"¿Por qué he de acostarme debajo de ti, si soy tu igual... si ambos hemos salido de la tierra?"

Y como en cualquier matrimonio que va mal, aquí se pudrió todo. Se inició lo que hoy en día se podría llamar una campaña de difamación porque al fin y al cabo no hay novia fea, ni muerto malo y mucho menos ex bueno. A esta primera mujer le fueron adjudicados todos los defectos que Adán, en su despecho, le pudo encontrar. Seductora de hombres, pervertida, falsa, insubordinada, independiente, instigadora de amores ilegítimos y perturbadora del lecho conyugal. No contento con esto le dio un boleto para el fondo del mar donde no deja de recibir tormentos para la perversión del deseo que la aleja de las normas. En pocas palabras, por no haberse dejado y

Adán, el primero de muchos.

haber demostrado su insatisfacción sexual. Situación que hoy en día también hubiera acabado con cualquier relación pues aunque hayan pasado siglos, ellos siguen sin resistir que se ponga en entredicho sus capacidades sexuales.

Para su segunda vuelta en esto del amor, Adán tuvo la suerte de que esta vez el cuento de la igualdad quedaba descartado. La mujer le fue sacada de una de sus costillas y cuando Dios se la presentó, él dio una respuesta muy acorde con sus temores: "Esto sí que ya es hueso de mis huesos y carne de mi carne". Como queriendo decir, "ya no voy a tener problemas de igualdad porque ésta me pertenece". Empezó este matrimonio como todos, color de rosa. Con la diferencia de que de tanto ver a Eva como Dios la trajo al mundo el pobre de Adán estaría comiéndose un cable y subiéndose a los árboles de tanta abstinencia. Lo único que necesitaba era una señal para poder meter mano. Eva se la dio cuando le hizo entrega de la manzana y él asumió el papel de víctima ante Dios y ante el mundo.

A partir de este momento la historia es de todos ya conocida, entra la serpiente a funcionar, probablemente enviada por Adán y nos echan a nosotras la culpa de todo. Y como nadie nos había contado que en esto del sexo el señorito ya tenía un buen millaje acumulado, creímos que Eva había sido la causante de todos nuestros males. Adán quedó tan tranquilo, le echó la culpa a su mujer y me imagino que habrá pensado que tenía que quedar como todo un hombre. Al fin y al cabo fue ella la de la iniciativa y él no iba a quedar como un tonto. Creo que fue en este instante que se inició el mito de que "Ellos tienen sus necesidades que llenar". Otra gran patraña en contra de nosotras porque la única verdad es que esas necesidades Dios nos las envió a las mujeres cuando echa a Eva del Paraíso y le dice: "Buscarás con ardor a tu marido, que te dominará".

De todas formas, el resultado de este acto machista lo pagamos las mujeres con cuotas mensuales porque Adán no supo ser lo suficientemente caballero para interceder por nosotras y asumir su debilidad. Se inicia entonces el viacrucis de las mujeres porque también se nos hizo pagar con un embarazo que no dura dos, tres meses. No, a alguien se le ocurrió que el número nueve era el más adecuado. Los dolores de parto también forman parte de la cuota y Adán tan tranquilo porque él de dolores no sabía absolutamente nada. La única operación que había sufrido en su vida fue la de la costilla y para ésa Dios lo sumió en un sopor y él se durmió. Al final fue una cirugía como cualquiera que se hacen las mujeres hoy en día para sacarse cintura con la diferencia de que no sufrió de los dolores posoperatorios.

A Eva no le quedó más remedio que asumir la situación. No tenía familia donde correr a refugiarse y las probabilidades de conseguir otro marido eran nulas. Aquí no funcionaba ni eso que dice que más vale malo conocido que bueno por conocer. Adán era lo único que había en el mercado y se lo tenía que aguantar con todos sus defectos, iniciándose así la cultura de la sumisión y el aguante. El más encantado por supuesto que fue él. Empezó a labrar la tierra, a buscar la comida con el sudor de su frente y a ser el amo y señor del universo.

Así fue como las mujeres de este mundo tuvimos que aceptar lo irremediable, enternecernos ante el hecho de que somos capaces de dar vida y nos comimos el cuento de que el periodo, el embarazo y el parto son lo más normal para una mujer. De todas las mentiras que se nos han dicho, ésta es quizá la más desquiciada. Nadie puede llamar normal a esa antihigiénica botadera de sangre, a esos ataques que la preceden, a la deformación que sufre nuestro cuerpo, a los desbalances hormonales, a unos órganos moviéndose de lugar para darle cupo a un feto y a esos dolores que no tienen nada que ver con la vida, sino más bien con la muerte.

Lo peor de todo es que nuestra desigualdad y desventajas fueron alimentadas más allá de lo físico y el mundo se aprovechó de esto para imponernos nuevas reglas que lo único que lograron fue crearnos más obstáculos para disfrutar libremente de la vida, para no dejarnos crecer y para que siguiéramos creyendo que éramos el sexo débil. Durante siglos vivimos a la sombra de los hombres. Creyendo que nuestra única función válida era traer hijos al mundo y cuidar de nuestro compañero. Sin atrevernos a pensar y mucho menos a opinar, ésa era una gigante osadía. De pronto todo cambió y en cuestión de tres generaciones la mujer creció y decidió reclamar su igualdad de la misma forma en que lo hizo Lilith cuando el mundo era sólo un intento. Pero al igual que Lilith, nos tocó enfrentarnos a la realidad de los mitos que nos obligan a aprender y aceptar nuestra condición de seres secundarios. Sí, con el mismo ímpetu reclamamos nuestros derechos pero ya estábamos embarcadas en el único mundo que nos tocó vivir. Un mundo de hombres y para los hombres.

2. La decencia tiene forma de telita

La primera vez que la oí mencionar creo que tendría como trece años. En esa época mis amigas se referían a ella como "la telita". Era tanto el misterio que la rodeaba que llegué a pensar que era cosa de vida o muerte. La confirmación definitiva de su existencia me llegó por boca de una de mis amigas.

—Imagínense que Pilarica dizque se fue a montar caballo, se cayó y parece ser que se le rompió la telita.

—¡Qué! —exclamaron mis amigas con unas caras de impresión como si hubieran dicho que se había descerebrado. A manera de chisme pregunté:

—¿Cuál telita?

—El himen —me contestaron con una mirada que me hizo sentir idiota.

—Ah, esa telita —contesté.

Por supuesto que no me atreví a decirles que no tenía ni la menor idea de qué estaban hablando, por aquello de la presión juvenil. Me limité a escuchar y tratar de reconocer en los comentarios a la famosa telita.

—Ella está supertriste. Hasta la tuvieron que llevar a donde un ginecólogo y el señor como que le metió la mano hasta donde te dije y parece que sí, que se le rompió.

—Pobrecita —comentó una de ellas—. ¿Quién se va a casar con ella ahora? Ese cuento del caballo no se lo va a creer cualquiera. Lo más seguro es que la pobre de Pilarica se quede solterona.

Durante días no podía creer lo que había escuchado. Nadie me había hablado nunca de la telita y yo saqué la conclusión de que debía ser una parte de nuestro cuerpo que cuando se revienta causa una enfermedad contagiosa por la que ningún hombre se podía casar con uno. Al fin y al cabo, ¿qué otra razón podía haber?

Por más que buscaba en los diccionarios y en las enciclopedias no encontraba razones para que la telita fuera tan importante en la búsqueda de un marido. Excepto el nombre de himen, que viene del dios del matrimonio en la mitología griega. A lo mejor la cuestión radicaba en que uno la tenía que tener el día que se casara y formaba parte de esa tradición que te obliga a ponerte algo nuevo, algo viejo, algo prestado y algo azul y quién quita que también tuviéramos que llevar la telita. El resto eran simples definiciones que no tenían nada que ver con los hombres. Membrana de tejido conjuntivo, rica en fibras elásticas y colágeno. Su forma puede variar entre las que obstruyen todo el orificio vaginal y se llaman membranitormes y las collar que sólo lo contornean. Puede ser tan resistente que para romperla se necesite una operación o tan frágil que cualquier movimiento la desgarre. La verdad es que yo no entendía nada. La telita no aparecía como una parte del cuerpo que tuviera una función importante. Más bien se me imaginaba a uno de esos papelitos que cubren las medicinas y aseguran al consumidor que el producto es fresco y no ha sido alterado.

Con el tiempo me di cuenta de que, aunque sonara ridículo, la realidad es que cumplía la misma función. Asegurarle a los hombres que este cuerpo no había sido manoseado, ni usado con anterioridad. Pero además descubrí que tenía la misma connotación y la misma vergüenza que rodean a temas como el sexo y la menstruación. Aprendí que la decencia y el amor de los hombres dependía de ella y que lo más inteligente que podía hacer era mantenerla intacta. Sin esa telita yo no era nada. Ella era mi pasaporte a la felicidad, al matrimonio, a los hijos y mi condición de niña decente se medía dependiendo de mi fuerza de voluntad para saberla conservar.

Así me lo explicó mi mamá en una de esas conversaciones de mujer a mujer.

—Mami, ¿por qué la gente se hace tanto lío con eso del himen?

—Porque es una muestra de que eres virgen y por lo tanto siendo una mujer soltera significa que eres una chica decente.

—Virgen, ¿así como la Virgen María?

—Exactamente. Ella concibió a Jesucristo siendo virgen. Sin haber estado nunca con un hombre.

Esto sí que era un descubrimiento. Yo que pensaba que la hazaña de la Sra. María había sido ser madre del redentor y resulta que no. El título que se le dio para la posteridad no era más que un homenaje a la telita que mantuvo intacta, al haber logrado embarazarse sin la ayuda de un hombre, al haber sido una chica decente hasta para eso.

Y nosotras, como ella, teníamos que sentirnos muy orgullosas de poder llevar ese título y esperar a que llegara nuestro arcángel en forma de hombre y nos despojara de él para convertirnos en señoras decentes.

Esto lo estaba empezando a padecer en carne propia, ya que había iniciado mi primer noviazgo y estaba aprendiendo lo que significaba tener que controlarse después de un beso

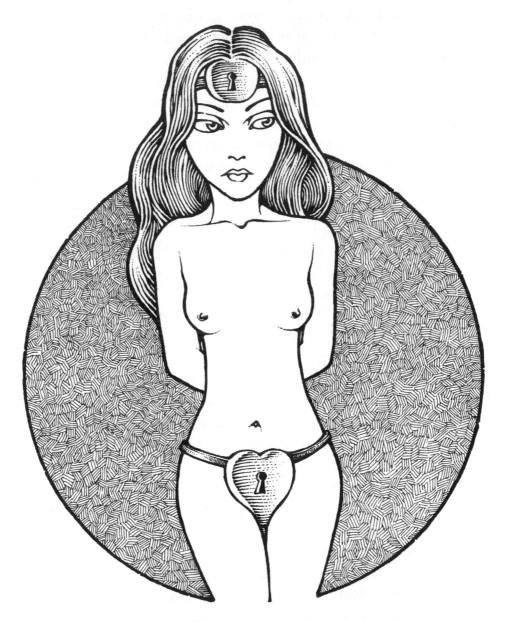

La decencia tiene forma de telita.

fogoso de chicos de dieciséis años. Cada vez que la cosa se ponía efervescente, ahí estaba mi himen recordándome que si iba más allá, y éste no era mi arcángel definitivo, mi futuro iba a tener color de hormiga. El porqué no podía pasar de ahí me lo habían inculcado de la misma forma en que me enseñaron que los niños juegan con carros y las niñas con muñecas. Mantener mi telita en buen estado era parte de mis deberes como mujer. A mí me costaba mucho aceptar que esto tuviera algo que ver con la decencia, pero sabía que para el resto del mundo y sobre todo para los hombres esto era tan lógico como sumar dos más dos y que te dé cuatro. Así que ni modo. Lo tenía que aceptar de la misma forma en que asumía que si cometía alguno que otro pecado lo más seguro es que después me quemaría en el mismísimo infierno. Sólo que éste era un infierno terrenal en el que pagaría con algo llamado reputación.

Sin embargo, me parecía injusto que mi hermano, por no ser poseedor de un himen, podía ir más allá de un simple beso y encima se daba el lujo de hablar de sus experiencias mientras mi padre lo miraba con orgullo de varón. Y yo no me atrevía ni siquiera a comentar que ya tenía novio. Pero es que todo esto no era más que una gran injusticia y los que se inventaron todo este cuento ni siquiera nos dieron la oportunidad de vanagloriarnos de nuestro papel de mujeres decentes. Sí, porque si todo esto de la virginidad era de tan vital importancia hubieran podido al menos dejarnos usar lo de los diferentes tipos de himen en nuestro propio beneficio. Así si uno tenía una de esas telitas bien cerradas podía convertirse en la más virgen y la más decente de todas. Al fin y al cabo todo esto no era más que un concurso de quién puede y quién no, de quién es lo suficientemente decente y quién no lo es, de quién tiene más fuerza de voluntad.

Pero al final de cuentas mis dudas no iban a cambiar lo ya establecido. Por el contrario, una mujer decente no debe cuestionar este tipo de cosas porque el mismo hecho de ponerlas en duda ya eran suficiente motivo para hacer tambalear sus principios. Mucho menos podía uno querer gozar de las mismas garantías que tenían los hombres, incluyendo por supuesto a mi hermano. Ya estaba cansada de escuchar la famosa frasecita de "Él sí puede".

—¿Y por qué él sí y yo no?

—Porque él es hombre.

—Y eso qué tiene que ver. ¿Acaso cuando él nació traía un manual que decía que era capaz de hacer de todo y el mío estaba lleno de limitaciones?

—Las cosas son así. Así se hicieron. No es cuestión de manuales, es de papeles que tenemos que cumplir. Tú naciste mujer y te tienes que conformar con lo que te tocó.

—Pero eso es muy injusto, mami, que a mi hermano lo dejes hacer de todo, que él pueda llegar a la hora que le dé la gana, que él no tenga que ayudar en las cosas de la casa y que además ustedes le patrocinen que ande con mujeres.

—¿Y quién te dijo que la vida de una mujer es justa?

Eso lo estaba comprobando y rápidamente. No podía creer que mi noviecito pudiera seguir de fiesta después de dejarme en mi casa a las once de la noche y yo tuviera que quedarme por un simple "Así se hicieron las cosas". Pero, ¿quién las hizo? ¿Cómo va a ser posible que un órgano sexual tenga tanto poder? Porque la verdad es que lo único que nos diferencia cuando llegamos al mundo es ese pedazo de carne extra.

Lo que más me daba rabia y me parecía más absurdo de toda esta situación es que mi progenitora los defendiera diciéndome que estaban en todo su derecho. Que fuera precisamente una mujer la que alentara y apoyara tanta represión en contra de nosotras. Que nuestro propio sexo fuera el encargado de inculcar esta división de derechos y encima sentirse orgullosas de su cometido.

—No te pongas así —me decía mi mamá cuando yo me quejaba de que mi novio se hubiera ido de juerga la noche anterior y hasta me haya puesto los cuernos—. Él es hombre, él tiene necesidades que satisfacer. Para eso están las otras mujeres. Contigo no lo puede hacer porque eres decente. Él te ve a ti como la mujer con quien se va a casar, como la madre de sus hijos. A ti no te quiere como diversión, tú no eres un juego.

¡Qué bien! Con ellas jugaba, se divertía mientras a mí me estaba guardando para casarse. Si esto era tan bueno, ¿entonces por qué él hablaba del matrimonio como una cárcel? ¿Y yo qué? ¿Tenía que esperar a que él se aburriera de tanta diversión para poder tener un lugar en su vida? Pues sí. Eso era precisamente lo que se esperaba de las mujeres como yo. Él tenía que vivir, que saciarse mientras yo llegaba casta, pura y virginal al matrimonio. Yo me tenía que conformar con un hombre ya requete usado mientras él se llevaba un modelito cero kilómetros. Todo por culpa de un inservible himen que bien pudieron circuncidarlo el mismo día en que nacimos. Así se acabaría todo este cuento de la telita, la decencia y los deseos reprimidos. ¡Qué equivocada estaba! Apenas se estaba iniciando mi viacrucis como mujer.

3. Hay que adornar el producto

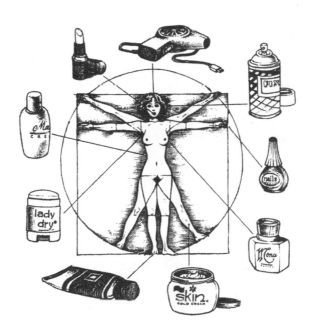

Con la adolescencia y la llegada del periodo se inició lo que podía llamarse mi confirmación como mujer. Ya había hecho mis pinitos jugando a las muñecas, a la casita, ayudando a mi madre en las labores domésticas, haciendo la cama de mi hermano porque ésas eran cosas de mujeres y tratando de ser dulce, dócil y abnegada. Me había salvado de la costura, las clases de piano y de bordado porque ¡carajo ya estábamos a finales del siglo XX y ya eso hubiera sido el colmo del retraso! Sin embargo, en cierta forma ya estaba entrenada para ser una buena esposa y una ejemplar ama de casa.

Pero todavía me faltaban muchas cosas por aprender y una de ellas era el saber que no basta con haber nacido mujer, a este cuerpecito había que adornarlo para que a los hombres les gustara. Ellos una vez más, no tenían que hacer absolutamente nada para lucir mejor. Al fin y al cabo el refrán dice que el hombre es como el oso, entre más feo más hermoso, mientras nosotras las mujeres de este mundo no teníamos ninguna oportunidad si éramos feas. Es más, aunque la naturaleza nos hubiera dado la dicha de ser agraciadas, esto no era suficiente.

La verdad es que yo no veía la hora de entrar a jugar en las grandes ligas. Sí, me moría por empezar a hacer las cosas que

31

hacían las mujeres grandes. Y decidí iniciarme quitando de mi camino lo que a mi modo de ver me hacía lucir muy poco femenina: los vellos.

—¿Qué te pasó? —fue la expresión asustada de mi madre cuando me vio con los ojos hinchados, como si me hubieran dado dos puñetazos, y las piernas llenas de heridas.

—Es que me saqué las cejas y me depilé las piernas.

—Pero tú estás loca. ¿Para qué hiciste eso?

—Porque quería verme como una mujer hecha y derecha.

—Pero si para eso vas a tener toda la vida. ¿Para qué tanto apuro?

—No te preocupes, mami, que te juro no lo vuelvo a hacer. Esto duele muchísimo. Es que hasta vi al diablo en pelotas cuando agarré la pinza de cejas y me empecé a sacar pelito por pelito y ni te cuento la sangre que boté cuando me pasé la navaja por las piernas.

—Pues lamento informarte que ya empezaste y te has sabido clavar. Esto no es de "ya no lo vuelvo a hacer". Ahora los pelos te salen más gruesos y te vas a ver peor, así que la próxima semana vamos a que te hagan la cera para que al menos se te vayan debilitando.

Creo que mis gritos se escuchaban por toda la ciudad. La cera, ese maravilloso invento que logra con el tiempo desterrar los vellos definitivamente, no es más que algo muy caliente que se adhiere a los pelos y cuando te la arrancan parece que miles de pinzas de cejas se unieron al mismo tiempo. ¡Dios mío, cuánto dolía ser mujer! ¿Por qué ellos podían dejarse crecer la barba y simplemente lucir más varoniles mientras nosotras sin depilarnos quedábamos reducidas a un gigantesco pedazo de chicharrón de cerdo?

Y pensar que esto era sólo el inicio. También debía adentrarme en el arte del maquillaje. Comprar innumerables productos de belleza con los que me tenía que pintar como indio que va a la guerra, ya que ésta era una de mis mejores armas en la conquista del ideal femenino y, por supuesto, de los hombres. Tenía que aprender que mucho maquillaje daba mala impresión, que había que usar sólo lo estrictamente necesario para verme bonita sin estar enviando señales equivocadas. Más tarde emprendería la ruta de las cremas contra la edad y una vez más tendría que conformarme con que una mujer que tiene arrugas es una vieja, pero un hombre que sufre del mismo mal es simplemente más maduro y por lo tanto más interesante. ¡Qué ridiculez! Viejo es viejo desde cualquier punto de vista que se le mire. Pero como éste era otro de los mitos creados en beneficio de los hombres, me tocó a su debido tiempo embarrarme la cara de cremas y teñirme el pelo para que no se notaran esas canas tan envejecedoras en una mujer y tan sexis en un hombre.

La cosa se puso peor cuando llegó la época de los tacones. ¡Qué masoquismo! Encaramarse en esos dos palitos es un acto cercano al malabarismo y aprender a manejarlos todo un suplicio. Otro invento que, estoy segura, se lo debemos a los hombres porque con el tiempo descubrí el poder que puede tener un par de piernas balanceándose en estos pequeños simulacros de zancos. Y me monté en ellos, como se montaron las demás mujeres mientras ellos caminan felices por la vida sin problemas de callos, ni de deformaciones creadas por la altura de los tacones. Y después tienen el descaro de quejarse de lo mucho que demoramos las mujeres para arreglarnos. Como si lograr que el pelo luzca maravilloso sin que se note la laca, como le gusta a ellos, maquillarse sin que se nos pase la mano, elegir el vestido adecuado para la ocasión y montarse en los dos palitos fuera igual de fácil que afeitarse,

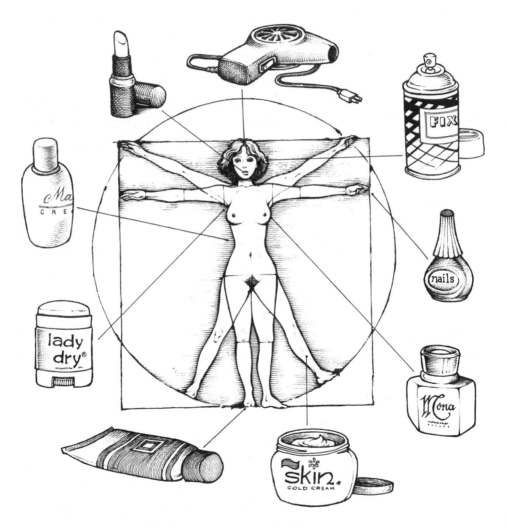

Hay que adornar el producto.

bañarse y ponerse lo mismo de siempre: una camisa y un pantalón.

Pero ¡ay que uno salga con la cara lavada y sin ningún tipo de arreglo! Enseguida te miran como si te faltara algo. Como si fueras un florero sin flores o una panera sin pan.

—Cuando te termines de arreglar me avisas para yo entrar a bañarme.

—No, si ya estoy lista.

—¡Cómo que lista! ¡No pensarás ir así!

—Bueno, es que hoy no tengo ganas de arreglarme. Qué aburrimiento tener que ponerme rollos en el pelo, maquillarme. No, hoy no estoy para esos trotes, así que voy con el *look* natural.

—No puedes estar hablando en serio. Tienes que hacerte algo.

—¿Por qué? ¿No te gusto así?

—Sí, claro, pero van a ir otras personas y no quiero que te vean desarreglada. ¿Te imaginas cómo te vas a ver al lado de las otras mujeres? Nadie va a pensar en lo de tu *look* natural, van a decir que tengo una mujer que no se ve bien.

—O sea que piensas que no me veo bien.

—Sí te ves bien, pero para estar aquí. Vamos a salir y te tienes que arreglar. No discutamos más; es tan simple como que mujer que no se arregla no es mujer.

Y somos mujeres, así que no nos queda más remedio que embarcarnos en la lucha por lucir bien y después que lo hayamos conseguido hacer hasta lo imposible para mantenernos. No hay dieta en el mundo que no hagamos. Nos matamos de hambre toda la vida para poder vernos como las modelos de las revistas y se nos cae el mundo encima cuando no entramos en nuestros pantalones favoritos. ¿Cuándo se ha visto a un hombre dar alaridos y deprimirse porque sus pantalones vaqueros no le entraron? Nunca. Porque al fin y al cabo a ellos nadie les ha vendido la idea de que tienen que lucir como Richard Gere o Sylvester Stallone. ¿Qué hombre aprieta sus nalgas como si tuviera entre ellas una moneda de cincuenta mientras maneja, porque alguien le dijo que eso endurecía el trasero? ¿Cuándo se ha visto que uno de ellos vaya en un ascensor contrayendo los músculos estomacales para lograr una barriga plana? Ninguno. Mientras, nosotras vamos por el mundo con nuestra moneda imaginaria entre las nalgas, apretando y soltando todos los músculos de nuestro cuerpo, comprando todas las cremas que existen para la celulitis y las estrías y pensando que los hombres no tienen ese tipo de preocupaciones. Ellos, aunque sufran del mismo mal, ni lo comentan. Nunca se les escucha hablando sobre las últimas cremas, el cepillo que mejor disuelve la piel de naranja y mucho menos de la necesidad de abolir la coca cola, el café y la grasa de sus dietas. Éstas son cosas de mujeres, ya que la celulitis y las estrías no son antiestéticas cuando se trata del cuerpo masculino. Es más, Dios les dio la inmensa fortuna de que ese cuerpo estuviera compuesto de menos grasa. Y a nosotras que nos llevara el diablo y pasáramos la mitad de la vida luchando contra la vejez y la ley de la gravedad.

Y como esta tarea no es nada fácil, no nos queda más remedio que recurrir a lo que sea y hasta un bisturí se convierte en nuestro mejor aliado en contra de los errores que cometió la naturaleza. Nos quitamos, nos ponemos, nos estiramos, nos sacamos y nos esculpimos para lograr parecernos a la mujer ideal. ¿A qué hombre se le ha ocurrido ir al cirujano para que le ponga un implante de silicón porque a nosotras nos gustan más grandes? No creo que a muchos. Nosotras nos tenemos que conformar con lo que ellos traigan porque nos han vendido el cuento de que el tamaño y el grosor no hacen la diferencia. En cambio, un busto más voluptuoso y un trasero más grande sí juegan un papel importante en el mundo de los deseos sexuales. Y como nos enseñaron a complacerlos, pues ahí vamos a buscar los implantes que nos harían más deseables, la forma y el tamaño que más demanda tengan en el mercado masculino. No creo que exista una mujer a la que se le haya ocurrido decirle a su hombre que se lo agrande y ni soñar con que algún día podrían ir juntos a la consulta del cirujano para escoger la prótesis que a ella le produciría más placer. ¡Ni pensarlo siquiera!

Eso sería entrar en terreno prohibido porque decirles a ellos que el objeto que tanto orgullo les causa a nosotras nos parece que podría soportar una que otra mejoría pondría en entredicho su hombría. A nosotras, un busto más grande o más pequeño no nos hace más o menos mujeres, pero, por alguna razón que desconozco, para ellos el ser hombres no tiene nada que ver con su esencia. Su hombría no está en la cabeza, sino en lo que les cuelga.

Y aparentemente eso es lo único que ellos necesitan para ser hombres. Nosotras tenemos que ir más allá y después de haber logrado lo más cercano a la belleza con lo mucho o poco que Dios nos dio, tenemos que conseguir que esa belleza sea lo suficientemente tentadora para que ellos no se aburran. Es increíble pero ni el maquillaje, ni las dietas, ni los ejercicios, ni las cirugías, ni todas las artimañas a las que podamos recurrir son suficientes porque después de que ya hemos logrado nuestro cometido como mujeres nos tenemos que enfrentar al mágico mundo de ser sexis. Y ahí vamos otra vez a comprar pijamas tentadoras, pantaloncitos y brasieres que los hagan derretirse de deseo cuando nos vean y hasta nos convertimos, de acuerdo con lo que usemos, en seres virginales o en mujeres fatales dependiendo de la facilidad que tengamos para poder desdoblarnos en lo que en psiquiatría sería catalogado como un caso de múltiple-personalidades.

Ellos, por supuesto, no tienen que recurrir a este tipo de desdoblamientos. La comodidad priva en sus vidas y nosotras nos conformamos con las mismas pijamas de siempre, con los calzoncillos matapasiones porque los otros les aprietan los testículos y con el mismo hombre porque esa personalidad tiene que ser suficiente. Y todo por una sencilla y llana razón. Como Dios es hombre, decidió que ellos se excitan visualmente y nosotras somos las encargadas de darles todo el material visual que requieran. En cambio, las mujeres nos excitamos emocionalmente y para eso ellos no tienen que hacer nada, nosotras simplemente echamos mano de la imaginación.

Y con ese cuentecito de que somos más emocionales, más románticas y más sentimentales vamos por la vida. Como si eso nos sirviera de algo. Al fin y al cabo todas estas cualidades sólo tienen sentido si se aplican al amor, y tampoco en este terreno nosotras llevamos la batuta. Cuando se trata de conquistar, de enamorar y de lograr llegar al corazón de alguien el papel principal también se lo llevan los hombres.

4. De cacería

Cuenta la leyenda que la Bella Durmiente del bosque estuvo en estado horizontal y estático por más de cien años, pero que un día cualquiera pasó un príncipe que le dio un beso y la sacó de tan terrible maleficio. Ella no fue la única, Blancanieves también pasó por el mismo proceso y tuvo que acostarse a esperar que otro príncipe azul decidiera pasar por el bosque y la rescatara de la muerte. Sólo que esta vez al parecer el príncipe se trajo con ese beso el pedazo de manzana envenenada que todavía tenía en la boca. Lo que nunca he entendido es por qué a nadie en el reino se le había ocurrido antes revisarle la boca para buscar la causa de su supuesta muerte. Aparentemente todos se idiotizaron con la pena y decidieron esperar a que el príncipe cumpliera con la parte que le fue adjudicada en esta historia. Y es que allí está el detalle. El propósito de todas esas historias de hadas que nos aprendemos de memoria desde niños es establecer los papeles de cada uno en la vida. Estoy segura de que los enanitos no eran unos pintados en la pared. Si en sus manos hubiera estado, ellos habrían hecho hasta lo imposible por salvar a Blancanieves. Pero ésa no era la idea y ni modo que uno de ellos fuera el que viviera feliz para siempre con la joven más bella del reino. Así que cumplieron con su papel a la perfección y dejaron que fuera el príncipe azul el que se llevara todos los laureles. Que fuera él, montado en su caballo blanco, el encargado de vendernos la idea de que sin su aparición Blancanieves no hubiera tenido vida.

Pasó mucho tiempo antes de que me diera cuenta del mensaje oculto detrás de cada una de estas historias. Ya me parecía raro que Blancanieves, tan agraciada y tan perfecta, no hubiera tenido ni siquiera el sentido de supervivencia suficiente para escupir el pedazo de manzana y que a nadie se le hubiera ocurrido advertirle a la Bella Durmiente que ni por equivocación tocara una rueca así fuera de oro. Pero es que ninguna de las dos podía tomar cartas en el asunto porque entonces los príncipes hubieran estado de más, no habría historias de amor y no nos hubieran podido meter en la cabeza que los hombres son nuestra única salvación. Tampoco les dieron la oportunidad de tomar la iniciativa y aligerar el proceso. No hubo forma de que ellas antes de que les entrara la moridera pudieran llamar a los príncipes y así no perder tanto tiempo. No, la idea es que tenían que esperar a que el galán decidiera cuándo quería entrar en acción.

Y así fue como las mujeres de este mundo tuvimos nuestro primer contacto con las grandes historias de amor. Así fue como aprendimos que el encontrar al príncipe azul era cosa de vida o muerte y que no podíamos ser nosotras las que diéramos el primer paso. Nuestro papel era el de esperar.

Mi espera por supuesto que se inició con la llegada del primer amor. En el mismo instante en que las mariposas se apoderaron de mi estómago y mi corazón se aceleró, todos los cánones sociales y religiosos hicieron acto de presencia para darme a conocer qué era lo que se esperaba de mí. Sabía que mi galancito sentía lo mismo por mí. Podía ver sus ojos brillar y el nerviosismo que lo invadía cuando nos encontrábamos, pero no pasaba nada. Ya llevábamos meses mirándonos, poniéndonos colorados cuando nos encontrábamos y bailando juntos toda la noche. En cierta forma y a esa edad podía decirse que éramos novios. Pero hasta allí llegaba todo, las llamadas brillaban por su ausencia y si nos encontrábamos era por obra de la casualidad o de mi búsqueda por toda la ciudad. Pero la cosa no podía quedarse así y tenía que definirse ante el eminente problema del baile de cocacolos del Club. Todas las chicas estábamos alborotadas con el baile, no hacíamos más que hablar del vestido que nos íbamos a poner, de cómo nos íbamos a maquillar, de quién nos iba a peinar y sobre todo de quién sería nuestra pareja. Lo peor es que todas asumían que yo no tenía la disyuntiva de con quien iba a ir al baile ya que daban por hecho que iría con mi noviecito.

—Qué rico, para ti que tienes con quien ir. Faltan dos semanas y a mí nadie me ha invitado. Como nadie me llame, me suicido.

—Pues a mí tampoco me han llamado —le dije.

—Pero tú tienes novio y vas a ir con él.

—Es que él a mí no me ha llamado y no veo cómo le vamos a hacer para ir juntos si no nos ponemos de acuerdo.

—Te va a llamar.

—¿Y si no llama qué? Tengo que buscar otra pareja.

—¿Estás loca? ¿Quién te va a invitar sabiendo que eres la novia de él? Nadie.

—¿Y entonces qué hago? Yo me estoy muriendo de la impaciencia.

"Que tal si lo llamo y le pregunto si vamos a ir juntos.

—Ni se te ocurra. En el momento que lo llames pierdes.

De cacería.

—¿Pero por qué? ¿Somos novios, no? ¿Qué tiene de malo que lo llame?

—Que eso no es cosa de mujeres, si lo llamas él se va a dar cuenta de que estás muerta de amor y eso no te conviene.

—¿Cómo que se va a dar cuenta? Creo que es obvio.

—Sí, pero no le puedes mostrar interés, porque eso no les gusta a los hombres. Tienes que esperar.

—¿Y si no me llama?

—Te quedas sin ir al baile.

Había entrado en lo que se llama el arte de cortejar, que aunque el diccionario no lo defina así, estoy segura de que quiere decir "Esperar como tontas a que alguien se fije en nosotras", porque en esto del amor también estábamos atadas de manos, pies, cabeza y corazón. Ellos son los encargados de decidir y nosotras de acatar las órdenes que nos sean enviadas. Ellos pueden mostrar interés y llamar las veces que les dé la gana. Nosotras no podemos darnos ese lujo por culpa de un rito extrañísimo que convierte a nuestro interés en presión y eso lograría espantarlos. ¡Espantarlos! La palabra más temida para una mujer enamorada y que se precie. Ya que al parecer es muy fácil que pierdan el interés porque toda la vida he escuchado frases como "No les puedes dar todo porque se aburren de ti", "Ellos necesitan su tiempo y su espacio", "Tienes que complacerlos para que no se busquen a otra", "Cuidado y los hagas sentirse presionados porque se ofuscan", como si estuvieran pegados con chicle. Y es que a nosotras nos enseñaron siempre que el amor era una bendición, era la culminación de todos nuestros sueños, mientras que ellos lo ven como una rendición, como la terminación del sueño de ser libres.

Uno se enamora y quiere gritárselo al mundo, entorna los ojitos, se sonroja cuando le hablan del objeto de tanto amor y hasta empieza a pensar en el matrimonio y los hijitos. Ellos preferirían no admitirlo, sienten como si estuvieran cometiendo una falta, como si el amor los convirtiera en seres débiles ante el resto de los especímenes masculinos y asumen su condena con una resignación cercana a la muerte. ¡Qué desfachatez! Cuando en realidad las únicas que pierden algo al enamorarnos somos las mujeres y nadie nos oye quejarnos.

El amor para nosotras significa reprimir nuestras emociones tanto espirituales como físicas. No podemos hacer muy obvios nuestros sentimientos para que no se asusten y mucho menos darles la pruebita de amor porque se pueden aburrir y dejarnos. La verdad es que no sé para qué carajo nos enamoramos porque a la hora del té es muy poco lo que podemos gozar y entregar.

Y que ni se nos ocurra gozar porque ahí sí que se pudre todo. Los hombres no tienen que esperar a que llegue la persona correcta porque para ellos el proceso no es de selección sino de eliminación. Así que para ellos una más o una menos no hace la diferencia. Al contrario, les abona experiencia. Mientras que para nosotras se convierte en un estigma porque si la relación termina y hemos sido tan débiles como para entregarles todo, hay que rogar para que el próximo sea lo suficientemente maduro y entienda nuestro grave desliz. Lo más seguro es que nuestro ex continúe su cacería y que le lluevan las oportunidades. A nosotras no nos queda más remedio que esperar a que pase un tiempo prudente antes de que alguien se atreva a llamar nuevamente, porque eso de ser la novia de... es un mal que le dura más a las mujeres que a los hombres. Y llega uno hasta el punto de avergonzarse de haber amado, por aquello de que hay que hacerles sentir que son los primeros, nosotras nos conformamos con ser las últimas.

Lamentablemente esto de ser la última, la definitiva en la vida de un hombre, no tiene la misma magia para ellos que para nosotras. Así que nos toca convencerlos de que esto no es tan malo, que a nuestro lado serán felices, que el mundo no se termina cuando uno se casa, que es más hombre el que puede hacer feliz a una sola mujer y que no es una enfermedad de carácter terminal. Si logramos convencerlos sutilmente porque esto también es algo que tenemos que hacer con guantes de seda por aquello de que pueden salir corriendo despavoridos, debemos esperar a que lo asimilen. Éste puede ser un proceso lento y largo y una vez más tenemos que esperar a que se decidan para entonces poder lucir en nuestra mano el anillo que nos acredita como la futura esposa y que premia nuestra gran habilidad para el convencimiento. De puro milagro no les damos las gracias, pero sí lo celebramos y le hacemos una fiesta ceremonial que catalogamos como pedida de mano para así poder mostrarle al resto del mundo la rendición de un varón. ¡Qué contradicción más grande!, cuando está comprobado científicamente que a ellos les va mejor que a las mujeres en la institución matrimonial, que el tiempo de vida se les alarga, que se sienten estables y realizados y que no sufren de depresiones. Todo lo contrario a lo que nos pasa a nosotras, que al parecer cuando nos casamos sufrimos más desilusiones, se nos acorta la vida y se nos complican los sueños. La cuestión entonces debía ser al revés y ser ellos quienes estuvieran muertos de ganas por casarse, al fin y al cabo no sólo van a vivir mejor, sino que además en el mismo paquete se les incluye una sirvienta, una amante, una relacionista pública, una madre para sus hijos y una figura maternal para los momentos bajos. Y todavía se quejan y ponen carita de "Qué remedio" cuando se ven a las puertas de la iglesia.

Pero como no hay mal que dure cien años ni mujer que lo resista, nos dimos cuenta de que en realidad este negocio del matrimonio no era precisamente el lecho de rosas que nos habían vendido. No es que muchas de las mujeres no crean en él, simplemente han decidido demorar el proceso. Una gran mayoría ya no se muere por casarse y prefiere antes de llegar a ese compromiso realizar otros sueños igual de importantes. Sin embargo, no es tampoco nuestro papel el de acabar con los rituales ya establecidos y por lo tanto ni la sociedad ni los hombres nos pueden perdonar que de un momento a otro y sin previo aviso hayamos asumido que el matrimonio y el sector masculino no sean el único centro de nuestras vidas.

5. Las vestidoras de santos

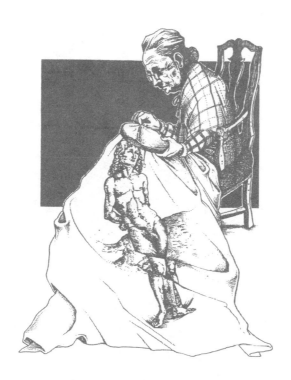

A ninguna mujer le hubiera pasado por la cabeza hace treinta años decidir estudiar una carrera antes de pensar en el matrimonio. Hubiera sido considerado un caso psiquiátrico que prefiriera la soltería y se perdiera la oportunidad de ser alguien colocándose el apellido del marido antecedido por el *de*, la conjunción que denota posesión. En esa época los logros de una mujer se medían por su capacidad de formar un buen matrimonio. A los veinte años más les valía tener a un hombre atrapado o por lo menos alguien en perspectiva, porque si no iba a cargar para siempre con la inmensa y pesada cruz de ser una solterona.

Para mí esta cruz tenía olor a crinolina, polvo y esencia de azucenas, como los manteles y las sábanas de mis tías abuelas solteronas. Esos mismos manteles y sábanas que un día fueron creados para formar parte de un ajuar que nunca se usó y que por lo tanto sólo podían ver la luz para realizar la añoranza de los recuerdos. Junto a ellos guardaban una rosa disecada, un viejo libro de poemas y un pañuelo con las iniciales ya desteñidas por el tiempo y las lágrimas. Sólo en los supuestos aniversarios mis tías eran capaces de sacar el baúl para recordar en un ritual que confirmaba lo vivido y que les servía como una muestra inefable y lejana de que la vida no les había pasado en vano.

A mí me encantaba escuchar sus historias de grandes amores imposibles, pero el resto de la familia las trataba como minusválidas del corazón y de la vida. Las miraban con pesar y resignación pensando que ninguna de las dos fue capaz de atrapar a un hombre que las sacara de tan triste destino. La idea de llegar a este estado me aterrorizaba cuando era niña porque siempre se hablaba de que se habían quedado para vestir santos y las veía cada Semana Santa acudir a la iglesia para colocarle a los santos unos manteles morados con los que yo creía que cumplían su función. Con el tiempo, el miedo se me convirtió en pesar. Me parecía triste que en vez de gozar de los placeres de desvestir a un hombre, se hubieran tenido que conformar con el insignificante acto de vestir a un santo. Ellas vivieron vidas prestadas. A través del matrimonio de sus hermanas conocieron la realidad de unos sueños que nunca concretaron para ellas mismas y en sus sobrinos volcaron ese amor maternal que el destino les había negado. Pero siempre con la certeza de que nada de eso les pertenecía ni siquiera el dinero con el que sus hermanas las ayudaban para que salieran adelante. No tenían medios para sobrevivir y tuvieron que echar mano de la cocina, el bordado y la costura. Todo lo que un día habían aprendido con la ilusión de hacer feliz a un hombre. Ese ser al que nunca en realidad llegaron a conocer y que lograron enaltecer en los recuerdos. Para mí siempre fueron viejas. Las recuerdo arrugadas, mustias y con esa mirada lejana del que no tuvo ni tiene ilusiones, pero con una dignidad que ni mis comentarios de doble sentido lograban manchar.

—¿Así que ustedes nunca han sabido lo que es un hombre?

—¡Niña, cómo se te ocurre! Claro que sabemos. Nosotras tuvimos nuestros pretendientes, pero la vida es así y el matrimonio no es lo que Dios quería para nosotras.

—Yo me refiero a un beso de un hombre, a un abrazo de un hombre, a la pasión de un hombre.

—Dios mío, perdona a esta niña por las cosas que dice. Claro que no sabemos de esas cosas. Nunca nos casamos y eso sólo lo hacen las mujeres casadas.

—Ése fue el error de ustedes, aunque no se hubieran casado. Cuando se dieron cuenta de que no había chance, se hubieran tirado una canita al aire para que no se quedaran con las ganas.

—¡Qué cosas dices! ¡Nos estás faltando al respeto, muchachita!

—No tía, porque está comprobado que la presencia de un hombre es importantísima en la salud física y mental. Con decirles que el sexo es bueno para tonificar la piel y hasta le da brillo a los ojos.

Se ponían coloradas como dos manzanas y no atinaban a decir nada, al fin y al cabo no puede doler la pérdida de lo que nunca ni siquiera se presintió.

Gracias a todas esas mujeres que un día se sublevaron en contra de los patrones ya establecidos las cosas han cambiado, pero no tanto como para que la mujer se pueda sentir feliz y apoyada si decide no casarse o simplemente demorar el proceso. Este deseo de independencia también tiene su precio. Culturalmente, un hombre que pasa de los treinta y no se ha casado se convierte en un privilegiado. Para los integrantes de su mismo sexo, esos que están casados, los solteros gozan del placer de la variedad. Tienen un mundo lleno de mujeres para divertirse mientras ellos se conforman con una sola.

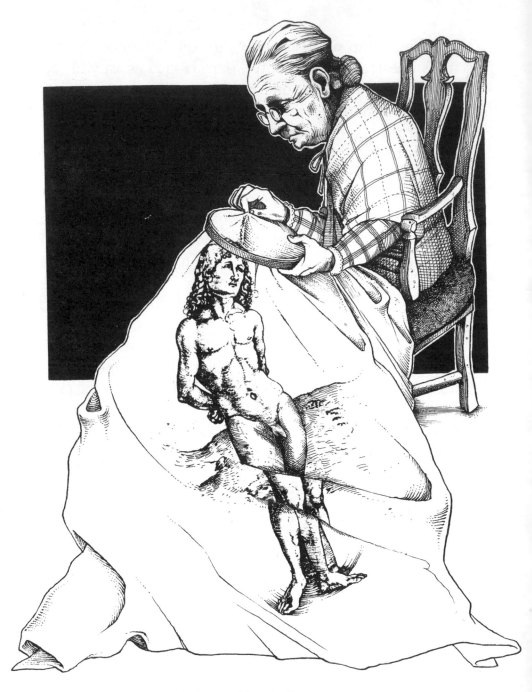

Las vestidoras de santos.

No tienen una esposa que los moleste todo el santo día y no tienen responsabilidades. Para las mujeres solteras estos mismos especímenes son la última Coca Cola del desierto y el blanco más codiciado de la cacería. No tienen ex esposas, ni hijos, gozan de una buena posición económica y si tenemos suerte ya deben estar cansados o a punto de cansarse de tanta diversión. En pocas palabras, un sueño de opio hecho realidad. Un hombre no llega a ser solterón sino más allá de los cuarenta y como la vida no se caracteriza precisamente por su justicia, su radio de acción se expande y puede escoger su pareja de cuarenta para abajo y nadie vería mal que se casara con una jovencita, ni pensarían que es un infanticidio. Al contrario, al solterón este lo miran con envidia por llevarse a una mujer a la que la ley de la gravedad no le ha hecho estragos todavía.

A nosotras no nos perdonan la soltería y mucho menos podemos decir que tenga su encanto. Durante muchos años el sueño de cualquier padre de familia responsable era llevar a su hija al altar. Al hijo había que darle una buena educación y a la hija un buen matrimonio. Pero cuando esa hija toma el camino del hombre y no muestra ningún interés en llenar los requisitos femeninos la cosa se torna preocupante. Hay que aguantarse las preguntas de la familia y la sociedad que no pueden entender que no quieras cumplir con el rol que se espera de ti.

—Bueno, ¿y tú cuándo piensas sentar cabeza?

—¿Cómo que sentar cabeza?

—Casarte, tener hijos, formar una familia.

—Yo tengo una familia y el resto vendrá con el tiempo. ¿Cuál es el apuro?

—Que te vas a quedar solterona, a medida que te haces más vieja, menos son tus probabilidades.

—A lo mejor eso de casarse y tener hijos no es para mí. No me veo cocinando, lavando calzoncillos, esperando a que el hombre llegue a la casa para hacerlo sentir el rey, criando hijos. Yo quiero ser alguien, quiero alcanzar cosas para mí, quiero vivir antes de tomar esa decisión.

—Pero igual puedes alcanzar cosas estando casada si encuentras una persona que te apoye.

—Como si eso fuera tan fácil.

—Es fácil y hasta te daría más estabilidad como persona. Te haría una mujer que tiene el respaldo de un hombre, la responsabilidad de unos hijos y en cierta forma respetabilidad.

Ése sea quizá el error más grande que se comete contra las solteras, asumir que porque no tenemos un hombre al lado no somos responsables. Hasta las compañías aseguradoras de carros te bajan la tarifa si eres casada, como si el matrimonio certificara que manejas mejor por compartir tu vida con un hombre. Y ni hablar de la idea ilógica de que no tenemos un hogar porque esto es algo que sólo se consigue con un hombre. Como si ese pequeño apartamento que has montado con tanto cariño y en el que cocinas para ti, pones flores para ti y haces fiestas para tus amigos, no se asemeja en nada al mismo concepto. Tampoco tu familia, la que has tenido desde que naciste, te sirve de nada porque no hacen más que preguntarte cuándo vas a formar la tuya, como si la que ya tienes dejara de pertenecerte por el simple hecho de haber llegado a cierta edad.

La vida de una soltera se convierte en un mundo raro que nadie entiende y en el que todos se meten para lograr tu rendición. Nada de lo que hagas será bien visto. Si no tienes galán a la vista, cabe la posibilidad de que seas lesbiana; y si tienes demasiados galanes rodeándote, eres toda una

56

ninfomaniaca. Al final terminas deseando, aunque sea, ser divorciada, porque esto tiene más status y en cierta forma habrás cumplido, aunque sea a medias. Es tal la presión que algunas mujeres se meten en el matrimonio por las razones equivocadas, para más tarde comentar: "Por lo menos me casé, ahora soy divorciada y me salvé de ir de solterona por la vida".

Solteronas o no, las mujeres que deciden atrasar un poco el proceso llegan siempre al momento de la verdad. Los hombres pueden elegir casarse a la edad que les dé la gana y tener hijos cuando lo deseen. Uno a los cuarenta y cinco comienza la nada agradable experiencia de la menopausia. La certeza de que si no lo haces rápido te quedarás sin tener hijos, que si no decides a tiempo tienes que decirle adiós a la maternidad. Y después ellos tienen el descaro de preguntar cuál es el apuro de las mujeres. Es muy difícil explicarles pues para ellos la menstruación no es más que un inconveniente, y la menopausia, una etapa en la que van a tener que aguantar a una mujer irritada y que se ahoga en un calor imaginario. Sería recomendable que en vez de enseñarlos a ser hombres y llevarlos a que tengan su primera experiencia sexual, les dieran un manual de cómo funciona el cuerpo femenino, así no se quejarían de lo complicadas que somos y estoy segura que les sería de más utilidad que saber cómo funciona el motor de un auto.

De todas formas, el matrimonio no es algo de vida o muerte en sus vidas. Ellos pueden tomarse todo el tiempo para hacerlo y lo más lógico es que hayan estudiado, terminado una carrera, con doctorado incluido, y se hayan establecido antes de que se espere que tomen la decisión. Ellos no tienen la presión de que "si no te casas no estás completa", se completan a ratitos, con pequeños encuentros que inflan su ego masculino y sin tener que comprometerse. Nosotras tenemos que completarnos ante un cura o un juez, vestidas de blanco para demostrar que somos dignas y dando un sí para toda la vida con la esperanza de que, una vez más, hayamos cumplido con lo que se espera de una verdadera mujer.

6. Ya me casé, ya me...

Mi bisabuela se empeñaba en bordar las sábanas del ajuar de novias de cada una de sus hijas con un esmero como si de eso dependiera la felicidad de los novios. Bastaba con que se hiciera el anuncio oficial del compromiso para que ella iniciara su labor como una hormiguita.

Durante meses las sábanas de holán y lino se convertían en protagonistas de la esperada boda y todo el mundo pasaba por la casa para admirar las creaciones de mi bisabuela. Pero había una sábana, "La Sábana", que se guardaba en secreto como si se tratara del vestido de novia. Nadie podía posar sus ojos en ella y mucho menos comentar algo al respecto. Se sabía que la estaba bordando, pero era más una suposición que una certeza y en voz baja se comentaba que era la del huequito. Por supuesto que era un secreto a viva voz, pero mencionarla era un detalle de pésimo gusto y hablar de su función en la noche de bodas hubiera sido un desacato a las leyes de la decencia.

Con una precisión digna del más reconocido cirujano plástico, mi bisabuela hacía el hoyito y después lo bordaba maravillosamente en punto de cruz para que cuando el esposo sacara la sábana al sol después de la noche de bodas todo el pueblo supiera que la desposada tenía gustos finos. Nunca se supo qué patrón se seguía para recortar el pedacito de tela y mucho menos qué medidas usaba, pero ninguno de sus yernos se quejó de lo grande o chiquito que hubiera quedado el huequito, por lo que supongo que los hacía unitalla.

A mi mamá no le tocó una de esas sábanas, ya que para la época en que ella se casó este ritual había pasado de moda. Sin embargo, admite que llegó tan ignorante al matrimonio que si mi padre le hubiera dicho que el sexo se hacía por el ojo ella hubiera aceptado sin refutar, aunque eso le hubiera significado el quedarse tuerta de por vida. Era tanto el miedo que la invadió el día de su boda que vio como tres películas, cenó como cinco veces y se encerró en el baño como tres horas. No tenía la menor idea de lo que iban a hacer con ella y le era muy difícil sentirse segura al lado de un hombre con el que nunca le habían permitido estar sola.

Al menos mi generación ha tenido la suerte de que el mundo haya abierto las puertas a la sexualidad de la mujer a pesar de que la sociedad se sigue empeñando en que seamos ignorantes. Llegamos al matrimonio con miles de tabúes que no sé cómo logramos superar con el tiempo, ya que la religión y los cánones sociales siguen esperando que una mujer decente llegue virgen al matrimonio y con su consabida ausencia de conocimientos sexuales.

Y es así como entramos a la iglesia, vestidas de blanco como prueba de nuestra pureza y con un velo en la cara, que me imagino no es más que una versión estilizada del famoso himen. Pasamos de un hombre a otro sin más permiso que el que te otorga otro hombre por el simple hecho de haber prometido amor, respeto y obediencia. Finalmente somos la mujer de alguien y por primera vez en nuestras vidas podremos disfrutar libremente de los placeres del amor y del sexo. ¡Qué engaño! Se les olvidó informarnos que esta libertad sexual también tenía su precio y que eso tan mágico y maravilloso que tanto hemos esperado, llamado "hacer el amor", la primera vez va revestido de dolor y sangre. El esperado placer brilla por su ausencia y, como si esto no fuera suficiente, en cuestión de horas tenemos que cambiar nuestra mentalidad y disfrutar de algo que hasta unos momentos antes no era social, cultural y moralmente aceptable: acostarse con un hombre.

Y así se supone que la mujer conozca el sexo a través de la ignorancia, el dolor y el deber de disfrutarlo. Y aquí es cuando todo se complica, porque nunca nos enseñaron a asociar la palabra sexo con placer. Por el contrario, nos lo vendieron como algo prohibido, indecente e inmoral. El sexo tenía todas las características del pecado, pero de pronto por la sencilla razón de que habíamos pasado por un ritual ceremonial, se convertía en algo normal en nuestras vidas aprobado por todos, hasta por el mismo Dios, como parte de nuestras obligaciones matrimoniales. La generación de mi madre entró a un cuarto con el amor como única arma. Se entregaron a un hombre que con su paciencia o impaciencia marcaría para siempre su sexualidad mostrándoles el placer o el infierno. Y aprendieron muchas veces pensando que era una simple y tediosa obligación y otras disfrutándolo, pero sin atreverse a decirlo por aquello de la decencia y la moralidad. Y es que la mujer supuso por generaciones que todo lo que tuviera que ver con la vida sexual iba en contra de su esencia y naturaleza. Todavía es hora que mi abuela niega enfáticamente haber visto desnudo a mi abuelo y se llena de orgullo al decirlo. Como queriendo reconfirmar sus principios, como si con ese acto de ignorancia estuviera libre de pecado.

Ella formó parte de esas mujeres que sostuvieron relaciones con el único propósito de traer hijos al mundo, que aceptaron el sexo con la misma resignación con la que cocinaron y plancharon porque era más importante cumplir con lo establecido que con ellas mismas. La mentalidad ha cambiado, pero no tanto como para que las mujeres podamos gritar a los cuatro vientos que nos encanta el sexo como lo hace cualquier hombre. Es aceptable haber perdido en el camino la telita por haber cometido uno que otro desliz y hasta ciertos hombres afirman que la virginidad no es un requisito para llevar una mujer al altar. Lo que no tienen muy claro es qué "tan no virgen" tiene que ser la elegida. No les gustaría que fuera muy corridita y ojalá esos pequeños tropiezos hayan sido en nombre del amor o el engaño. En pocas palabras, quieren una mujer decente, aunque no tengan muy claro cuántos hombres en la vida de una mujer las hace cruzar esa línea tan sutil que precede a la indecencia. Y todas queremos serlo para el hombre que amamos, por aquello de que un hombre quiere ser el primero en la vida de su mujer y nosotras nos conformamos con ser la última.

El problema es que todo este rollo de la decencia tiene su doble sentido. Esperan y ruegan porque ojalá no seamos demasiado experimentadas, pero al mismo tiempo les encantaría que fuéramos sus prostitutas exclusivas y desgraciadamente nadie aprende en pellejo ajeno. Una prueba más de que a las mujeres se nos enseña una cosa, pero a la hora de la verdad se espera de nosotras lo contrario. Nos enseñan a complacerlos en todo, a llenar todos sus gustos, a mimarlos y consentirlos hasta el cansancio, pero nadie nos dice que lo que más odian los hombres es una mujer que esté encima de ellos todo el día y que no hay nada que les dé más gusto que una mujer a la que siempre tienen que conquistar. Nos preparan para ser unas buenas esposas y nos enseñan todo tipo de labores domésticas para hacerles la vida más fácil, pero nunca he escuchado decir a una mujer que su marido la abandonó por no saber planchar o quemarle la comida. Se van por otra que los complace más; ¿dónde?: en la cama. Precisamente la única parte del matrimonio para la que no nos prepararon. Sería conveniente que se tomara esto en cuenta y las labores sexuales empezaran a formar parte de nuestra formación como futuras esposas, que nos dieran lecciones y uno que otro truquito de cómo mantener feliz a un marido porque la única realidad es que la planchada, la cocinada, la lavada y la limpiada son labores que podemos encargar a otras personas, pero lo del sexo sí que corre sólo por nuestra cuenta.

Y es ésta la parte más importante en un matrimonio, aunque muchos afirmen que el amor, la amistad y la ternura son lo que prevalece con los años. En los inicios sigue siendo el motor que enciende y mantiene viva la relación. Las mujeres lo hemos comprendido así finalmente y ya no nos conformamos con un marido que no sea complaciente y nos haga sentir satisfechas. En ese sentido hemos avanzado a pasos agigantados. En lo que nos empeñamos en seguir siendo unas tortugas es en el no esperar de la relación un cuento de hadas, en no mirar al matrimonio como la columna vertebral de nuestras vidas. Seguimos casándonos con la ilusión de una niña de seis años que desea jugar a la casita.

HOGAR DULCE HOGAR

Y llegó la hora de jugar, pero de verdad. Ya no hay forma de que lo llamen a uno para ir a comer, cerrar la casita, mandar al marido, que en realidad vive en la casa de al lado, que se vaya y regresar a la paz de nuestro verdadero hogar. Aquí no hay marcha atrás y, después de todo ese sueño que fue el organizar toda la boda, hay que enfrentarse a la realidad de lo que es el matrimonio. Dicen que el primer año es el más difícil porque es el de adaptación, pero creo por experiencia propia que es todo lo contrario. Es el más fácil porque todavía estamos ciegas de amor, borrachas y embriagadas de poder acostarnos y levantarnos con la persona que amamos. Todavía él responde a todas esas ilusiones que nos habíamos creado y si no responde no hay problema, todavía nos queda a nosotras suficiente amor para desvirtuar su comportamiento. La cosa se pone fea cuando descubrimos, para nuestra propia sorpresa, que ese hombre no es perfecto. Que en realidad él no sabe jugar a la casita, que no está allí para compartir la cocinada, la limpiada y ninguna de esas labores domésticas que tan bien hacía nuestro vecinito cuando teníamos seis años. Ya no somos el centro de su existencia y cuando lo vemos salir para el trabajo nos damos cuenta de que el matrimonio es sólo una parte de sus vidas y que nosotras sólo somos las protagonistas de esa partecita. De pronto descubrimos que todas esas ilusiones que nos habíamos hecho de compartirlo todo tienen sus limitaciones. Empezando porque la madre de ese hombre nunca le dijo que tenía que ser un buen esposo como nos lo dijeron a nosotras y esa señora llamada suegra no tuvo la delicadeza de enseñarle a su hijo a no dejar la ropa tirada, a cerrar el tubo de la pasta de dientes, a colgar la toalla mojada, a avisar que va a llegar tarde a comer. No, por el contrario, ella le enseñó que ésas eran cosas de mujeres, se pasó la vida haciéndolas por él y ni modo que nos traigamos a la suegra para que siga recogiendo el tiradero de su hijo. Ese papel nos corresponde a nosotras gracias a los votos prometidos y a siglos de tradición que acaban con todas nuestras ilusiones de compartir cada detalle de esa sociedad llamada matrimonio.

Desgraciadamente, no podemos culpar a las malvadas suegras cuando nuestro príncipe azul decide que el romanticismo y esos pequeños detalles tan significativos con los que nos conquistó ya no tienen cabida en nuestras vidas. "Ya nos casamos, ya no estamos para esas cosas", es la frase favorita cuando nos quejamos por no habernos enviado flores el día de nuestro aniversario.

—¿Cómo va a ser posible que se te haya olvidado nuestro aniversario?

—Pero, mujer, no es para tanto. Tengo muchas cosas en la cabeza, problemas en el trabajo, no puedo estar pendiente de qué día es hoy.

—Cuando éramos novios también tenías problemas y te acordabas hasta de los aniversarios de mes y ahora es como si no te importara.

—No creo que tenga que acordarme y enviarte flores para que me importe. Se me olvidó y me parece que no es para hacer un drama. Qué habilidad tienen las mujeres para convertir cualquier cosa en una tragedia.

La tragedia en realidad se inicia cuando decidimos echar mano a los consejos de los expertos matrimoniales. Si algo nos está molestando en nuestra relación hay que acudir a la comunicación. Ésa es la nueva tendencia, hay que hablar. Hacerles saber lo que sentimos, abrir canales para intercambiar nuestros pensamientos, nuestros miedos, nuestras frustraciones porque ésta es la clave de un matrimonio exitoso. Definitivamente la gente que hizo estos estudios y llegó a esta conclusión tan maravillosa nunca ha estado casada o nunca en la vida

Ya me casé, ya me...

ha tratado de sentarse con un hombre para hacerlo hablar. Ellos nacieron sin esa parte del cerebro que hace que los sentimientos puedan ser trasladados a palabras. No hay forma de hacerlos hablar y mucho menos cuando se trata de discutir o intercambiar pensamientos que puedan atentar contra su seguridad emocional.

—Es que no es sólo el detalle de las flores, o del aniversario. Yo siento que tú te estás alejando, que todo es más importante para ti que yo. Ya no es lo mismo. Antes te desvivías por complacerme, por hacerme feliz y ahora es como si yo fuera parte de tus pertenencias, como tu carro, como tu equipo de sonido.

—Claro que no es igual. Ya estamos casados. No puedo pasar la vida consintiéndote, ahora hay que pagar cuentas, hipotecas, hay que trabajar. ¿O qué creías?, ¿que el matrimonio eran sólo besitos y arrumacos? Esto no es un cuento de hadas, es la realidad y no puedes ser tan egoísta y no entender que tengo demasiadas presiones para estar pendiente de tonterías.

—No son tonterías, son cosas importantes. ¿Por qué te molesta tanto que te diga que hablemos, que nos sentemos a conversar de nuestros sentimientos, de nuestras ilusiones como cuando éramos novios?

—Pero de qué vamos a hablar, ya estamos casados, te quiero, me quieres. ¿Qué más hay que decir? ¿No entiendes que cuando llego a la casa quiero descansar, acostarme, relajarme? Lo último que deseo es embarcarme en una conversación del amor y la vida. Todo está bien. Trata de ponerte en mi lugar y no pensar sólo en ti.

La entrada al fascinante mundo de hacernos sentir egoístas. Un mundo que iremos conociendo poco a poco cuando lleguen las tardes de deportes y se sienten frente al televisor cuando nos habían prometido ir a otro lugar, eso es relajarse. Lo de nosotras, lo de ver telenovelas es una soberana tontería. Cuando lleguen de pronto y sin avisar con un grupo de amigos a cenar, las egoístas somos nosotras porque los pobres no pueden darse el lujo de traer a sus amigos a su propia casa. Pero sobre todo cuando se encierran en ese mutismo tan masculino y en nuestro papel de esposas y mujeres comprensivas preguntamos:

—¿Qué te pasa?

—¿Qué me va a pasar? Nada.

—Es que estás tan callado. ¿Tienes algún problema?

—Bueno, ¿es que uno no tiene derecho a estar callado?, ¿es que uno no puede tener su propio espacio?

—Claro que tienes derecho, pero no cuando a mí me enseñaron a estar allí para compartir tus problemas, tus preocupaciones, las penas, las alegrías, el dolor, la enfermedad y toda esa cantidad de cosas que prometimos ante un cura. ¿Te acuerdas? En ningún momento yo escuché al cura decir respetar el derecho a estar callados. ¿Cómo carajos quieres que actúe si no me estás dejando cumplir con mi papel de mujer enamorada dispuesta a llenar todas tus necesidades?

—No te pongas a llorar. Sabes que no soporto verte llorar.

—Pues no lo puedo evitar. Al fin y al cabo es lo único que aprendí a hacer libremente. Es de las pocas cosas que una mujer puede hacer sin sentirse culpable y si tú tienes derecho a estar callado, yo tengo la exclusividad del llanto.

Volvemos a lo mismo, a esa absurda percepción de que seremos dos seres en uno, que después de que nos casemos todo será color de rosa y hasta los pequeños defectos se irán como por arte de magia. Éste es quizá el acto más iluso de amor que cometemos las mujeres, pensar que los podemos cambiar. Si por lo menos no perdiéramos la facultad de escuchar, lograríamos entender que las manías en un matrimonio se convierten en defectos y los defectos en problemas.

Pero no. Cuando estamos enamoradas no vemos, no oímos ni pensamos, nos limitamos a sentir y el que se atreva a meterse con el objeto que nos produce tal estado hipnótico se mete con los trastos de la iglesia. Pero quién iba a pensar que ese ser tan ahorrativo, tan administradito en todas sus cosas se iba a convertir en un tremendo tacaño, que ese macho en toda la extensión de la palabra no estaba echando sus últimas canitas al aire sino que es un maldito mujeriego incorregible, que esa maravilla que me cuidaba de todos porque me amaba con pasión desaforada no es más que un celoso que ahora no me deja ni ir a la puerta, que ese maravilloso hijo que mi madre me dijo era la mejor garantía como esposo y padre lo que tiene es un arraigado complejo de Edipo. Pues la verdad es que lo podríamos pensar y lo pensamos, pero cuando ya hemos salido del estado hipnótico y estamos metidas hasta el cuello en el rollo de compartir toda la vida, hasta que la muerte nos separe, hasta que la resignación remplace a los sueños o hasta que la vida se encargue de hacernos creer nuevamente que sí hay algo que podemos compartir juntos y para siempre. Que existe algo en lo que sí podemos ser uno solo... la llegada de un hijo.

NUESTRO HIJO QUE YO VOY A TENER

Después de la noche de amor y de que uno de los espermatozoides que ellos han depositado haya sido lo suficientemente rápido, fuerte y voluntarioso para fecundar un huevo, las mujeres tenemos la satisfacción de, por primera vez en muchos años, no tener el periodo. La alegría de pensar que vamos a tener un bebé, de traer al mundo un ser fruto del amor nos hace caminar en las nubes. Todo se transforma por el simple hecho de dar vida y poder canalizar nuestros instintos maternales. Hasta que llegan las primeras náuseas, las ganas incesantes de vomitar y nos damos cuenta de que ese hijo es sólo de nosotras, por el momento y por los próximos nueve meses la única que va estar metida en este lío es la mujer. Ellos se tendrán que conformar con el papel de espectadores, podrán seguir ingiriendo alcohol, fumándose los cigarrillos que les dé la gana, llevando una dieta desbalanceada mientras que uno espera a nuestro hijo.

Ésta es quizá la parte más injusta de la procreación, un acto entre dos con la participación de un solo personaje. Si siquiera Dios nos hubiera dado una mano con la vomitada y así los hombres participarían en la maravillosa traída de sus hijos al mundo abrazados a un inodoro vomitando hasta la bilis. Pero no, aquí una vez más la naturaleza se declaró machista y dejó que todo corriera por nuestra cuenta. Al menos tuvimos la suerte de que nos dotaran de algo llamado sentido maternal para que pudiéramos llevar tiernamente este proceso sin sentirnos totalmente utilizadas.

Las náuseas se van aproximadamente entre los tres o cuatro meses de embarazo, justo a tiempo para que nuestro cuerpo inicie su deformación y nos convirtamos en un manojo de hormonas que nos hacen sentir feas, llorosas, deprimidas, felices y ansiosas. Cada día vemos como nuestro cuerpo se va ensanchando como un balón, nuestro busto aumenta de tamaño como tres libras, los pezones se ponen gruesos y las areolas se oscurecen, empezamos a engordar lo que tanto luchamos por bajar, se inicia la retención de agua, la cintura brilla por su ausencia, la respiración se nos dificulta gracias al diafragma, que decide subirse cuatro centímetros, disminuyendo nuestra capacidad pulmonar, y el miedo a las estrías y a las várices hace acto de presencia para recordarnos que algún día no muy lejano tendremos que iniciar la labor de reconstrucción de este cuerpo.

Al séptimo u octavo mes lo más seguro es que nuestro compañero y socio en este proyecto de la maternidad se queje de que no puede dormir, porque con tanta ida al baño de la incubadora oficial y su poca capacidad de acomodo es muy difícil que alguien pegue un ojo en esa casa. Y tienen toda la razón, pero al menos ellos pueden irse a otro cuarto y Morfeo los recibirá en sus brazos sin ser interrumpidos por un bebé que decide hacer de la barriga un campo de juegos, por esa misma barriga que no permite ningún tipo de acomodo, por un cuerpo que ha aumentado su volumen cardiaco y sanguíneo al mismo tiempo, que agrandó el útero 519 veces más que su tamaño normal, que cambió de sitio a las trompas de falopio para dar paso al proceso más natural en la vida de una mujer. Y como si todo esto fuera poco, nos invade nuevamente el miedo, pero esta vez el miedo a lo desconocido, a que el bebé no nazca sano y completico, a ese fantasma que nos ha acompañado a través del embarazo y que cada día esta más cerca, el parto.

—Bueno, es normal que tengas miedo —dirá tu socio en esas noches eternas—. Pero tienes que pensar que no eres ni la primera ni la última que trae un hijo al mundo. Eso es lo más natural para una mujer y hasta repiten la experiencia, así que no puede ser tan malo.

Qué fácil es ver los toros desde la barrera. Nadie en su sano juicio y con conocimiento de causa puede llamar normal y natural a un gigantesco chorro de agua que te corre por las piernas mientras tu vagina se dilata 10 centímetros. Que sientas unos dolores que de antemano sabes que no se irán con una aspirina; por el contrario, irán aumentando hasta que des alaridos y te sientas quemándote en el infierno. Que te tengan que hacer una pequeña incisión, llamada episiotomía, que no es más que rajarte desde la vagina hasta el ano para que el niño no termine desgarrándote y que después, para dejar todo perfectamente culminado, te cierren nuevamente con puntos como si fueras una prenda de costura.

Pero el de arriba, en un acto de bondad ante tal sufrimiento y quizá sintiéndose culpable por tanto ensañamiento, tuvo a buen ver enviarnos algo desconocido que facilita el olvido. En el momento en que tenemos a nuestro hijo en los brazos todo queda en el pasado, hasta el dolor valió la pena. Al final, ésta es la mejor arma para que podamos repetir la operación porque si no lo de la procreación se hubiera visto en serios aprietos.

Y así, entre biberones y pañales, logramos finalmente conseguir el sueño de ser uno solo. Ese bebé es la prueba absoluta del triunfo del amor y de la pareja. Se inicia para ellos un periodo de orgullo en el que finalmente pueden ser partícipes de este negocio de la paternidad. Para nosotras un regreso a la vida normal que Dios quiera y nos ayude para que no incluya una de esas depresiones posparto, con la que sólo conseguiríamos sentirnos culpables de no poder experimentar la felicidad que se espera de nosotras ante la llegada de un hijo. No nos libraremos eso sí, de la depresión de la recuperación. Sí, de ver la forma como vamos a rebajar todos esos kilos que nos dijeron se irían en el bebé, la placenta y la reducción del útero, pero que aparentemente se quedaron atrapados en las nalgas, las piernas y una barriga que hasta hace pensar que estamos iniciando nuevamente un embarazo. Echar mano a las cremas que no aseguran pero venden una esperanza contra todas esas líncas que ahora se han quedado para siempre en nuestro cuerpo.

Iniciamos entonces el periodo de amamantar, el cual también nos han vendido como lo más maravilloso y tierno del mundo hasta que el bebé encaja sus encías en nuestro pezón y el dolor nuevamente se apodera de nosotras. Nos convertimos entonces en centro ambulante de ordeñar, con su consabido olor a leche y derramamientos en los lugares menos indicados. Y pasamos por la nada agradable experiencia de regresar a los placeres sexuales cuando por aquello del olvido borramos de nuestra mente la pequeña incisión que hace sólo unas semanas no nos dejaba ni siquiera orinar del dolor. Pero todo esto es parte de ser mujer y nos sentimos en el cielo cuando vemos en la cara de nuestro compañero la ternura de ser padre por el simple acto de fecundar un huevo. Nos llenamos de orgullo de haber sido nosotras las que les dimos la oportunidad de tener un hijo, que los hace sentir que han dejado una huella en la humanidad y que será siempre el mejor, hasta que haga algo no tan bueno y se conviertan en lo que siempre han sido: "Tu hijo", el de nosotras, el que engendramos, el que llevamos en nuestro vientre, el que trajimos al mundo con todo el dolor y el amor del mundo.

Somos madres y aunque este cuento de la maternidad y la paternidad sea injusto en todo el sentido de la palabra lo hemos asumido con la única garantía que nos dan los sentimientos. Nadie en sus cabales aceptaría una empresa en la que cada cual aporta el cincuenta por ciento y una de las partes se sienta a esperar mientras la otra realiza todo el trabajo. Nosotras sí lo hacemos, porque así lo dictó la naturaleza, porque es en nombre del amor y de la vida. Al final es lo único en lo que por años hemos podido llevar la batuta, en lo que siempre seremos las mejores, en lo que nunca tendremos que luchar para que se nos acepte y respete como lo que somos... Mujeres.

7. Para ser mujer
hay que ser valiente

Mi abuela nunca ha entendido por qué algunas de sus nietas tomaron la absurda decisión de pertenecer a la fuerza laboral del mundo. Para ella, por ley natural, el lugar de los hombres está en la calle y el de las mujeres en la casa. No concibe que alguien quiera cambiar lo que para ella es incambiable. Según su filosofía, las mujeres nos estamos metiendo en un terreno que no nos pertenece y tarde o temprano vamos a pagar las consecuencias.

—Estudiar una profesión, ¿para qué? —nos decía—. Una mujer no debe saber demasiado. A los hombres no les gusta que uno sepa más que ellos, eso les quita lo más importante que tienen, el orgullo de ser mejores, de podernos enseñar. Tu abuelo siempre lo dijo, las mujeres no se hicieron para pensar, sino para ser pensadas.

—Sí, abuela, eso suena muy bonito, pero dentro de un gran machismo. Y las cosas han cambiado. Ahora uno tiene que estudiar para superarse, para realizarse como personas, hay que trabajar y lograr algo por nosotras mismas.

—Eso no es más que una pérdida de tiempo. ¿Qué es eso de realizarse? ¿De lograr algo para uno mismo? Tonterías, son mujeres y no deben aspirar a ser más de lo que son. Mejor estudia algo que te sirva cuando te cases, toma cursos de cocina, de repostería, de glamour. Cosas que te sirvan mientras esperas a que tu novio se decida a pedirte en matrimonio.

—Es que esto no tiene nada qué ver con el matrimonio. Yo no voy a estudiar algo para matar el tiempo mientras me caso. Lo hago por mí, para mí. Porque quiero ser periodista. El matrimonio es sólo una parte en la vida de una mujer. Además yo no pienso casarme por ahora, primero quiero estudiar y trabajar.

—Qué tonta eres, niña, el matrimonio es todo en la vida de una mujer y tú ya estás en edad de merecer. Si no estudias y te dedicas al hogar, nadie lo va a ver mal, pero como no te cases ahí sí que la puerca tuerce el rabo. Lo último que me faltaba, una nieta solterona.

—¿Pero quién te ha dicho que uno no puede hacer las dos cosas, abuela?

—Yo no digo que no las puedas hacer. De poder se puede. La parte que no entiendo es para qué quieres salir a trabajar con todo el trabajo que vas a tener en una casa, cuidando de hijos y de un marido. ¿No te parece eso suficiente? Por qué las jóvenes de hoy se quieren complicar la vida y agregar más problemas a los que ya van a tener de por sí. A mí me parece una estupidez. Además, lo más seguro es que tu marido no te deje trabajar. ¿Quién va a querer una mujer que ande en la calle buscando lo que no se le ha perdido?

Qué razón tenía mi abuela cuando me daba estos consejos; por algo dicen que el diablo sabe más por viejo que por diablo. En su sencilla y cerrada filosofía alcanzaba a ver más allá de toda la perorata feminista. Cuando las mujeres decidimos ser profesionales, invadimos un mundo que hasta ese día le pertenecía por derecho al sector masculino. Ellos eran los encargados de llevar el dinero y las ideas a la casa, la parte fuerte y pensante de la pareja. Así estaba estipulado y durante siglos se vivió bajo estas reglas. Pero un buen día las mujeres decidimos probar fortuna en la calle y no precisamente en la profesión más antigua del mundo. Decidimos competir con ellos y no contentas con eso nos empeñamos en hacerlo igual o mejor que los veteranos en el asunto. Este pequeño desacato a las leyes naturales de los sexos no nos podía salir barato. Debimos saberlo desde ese maldito momento en que Eva tentó a Adán y el de arriba no nos apoyó. Pues ahora tampoco y la consigna fue ¿quieren ser profesionales, quieren sobresalir como abogadas, médicos, ingenieras con todo lo que conlleva? Bienvenidas, pero eso sí, tienen que seguir cumpliendo con las labores propias de su sexo. Ni modo que ahora nosotros tengamos que hacer las labores domésticas y mucho menos por cuestiones obvias podemos alivianarles la cuestión de la maternidad.

Como si fuéramos niñas a quienes se les dio el permiso de jugar, pero después de haber cumplido con nuestros deberes escolares, nos dimos a la tarea de compaginar ambas cosas porque al fin y al cabo para ser mujer hay que ser valiente. Y fue en ese momento que descubrimos el precio que tendríamos que pagar por querer ser algo más que lo que la vida nos había impuesto. En esta nueva empresa que decidimos emprender no basta con que seamos todas unas profesionales y hagamos un magnífico trabajo. Tenemos que demostrar que lo podemos hacer a pesar de ser mujeres y por lo tanto redoblar nuestros esfuerzos. Al final quedamos metidas en una vida donde tenemos dos trabajos de tiempo completo: el de la casa y el de la calle. Con el agravante de que nadie piensa en el trabajo de una esposa en términos monetarios, como me co-

Para ser mujer hay que ser valiente.

mentó un día mi amiga Lucía, después de pasarse años intentando abrir su consultorio como psicóloga.

—Yo tuve las mejores intenciones, pero cuando empecé a buscar el personal que me remplazara en mis labores de ama de casa no te imaginas lo caro que me salía ir a trabajar. Cómo cobran las personas que hacen lo mismo que uno sin meter el amor por la mitad. Contratar una cocinera, una persona que planche, que limpie, que lave, sale en un ojo de la cara. Y ni hablar de una niñera, ¡salen carísimas! Y no tienen la preparación y mucho menos la educación que yo tengo para enseñar a mis hijos. Así que tiré la toalla y me entró una depresión de los mil demonios de sólo pensar que yo todo eso lo estaba haciendo gratis.

"No, y no te quiero deprimir más, pero ésas son sólo algunas de tus funciones. Agrégale a la lista tu trabajo como acompañante oficial para actos sociales. Las mujeres que hacen eso en Nueva York cobran un ojo de la cara por una sola noche.

—No te puedo creer.

—Sí, las contratan los hombres de negocios cuando llegan y necesitan a alguien bonito y bien puesto para una de sus reuniones sociales y si esa cita va más allá y termina en una cama no te puedes imaginar lo que cobran. Viven como diosas y hacen lo mismo que tú haces por amor al arte dos o tres veces a la semana. Pero tú tranquila, porque créeme que en la calle las injusticias son más grandes.

Lamentablemente, las mujeres que hemos decidido recorrer el camino de la realización personal nos hemos tenido que enfrentar a las desventajas de nuestro género. No importa lo bien que hagamos nuestro trabajo, las mujeres hasta hoy en día ganamos sólo el setenta por ciento de lo que gana un hombre en la misma posición, trabajando aproximadamente 76 horas a la semana, entre lo que hacemos en la casa y en la calle. La presión también es doble porque tenemos que demostrar que lo podemos hacer sin que las labores correspondientes a nuestro sexo influyan en nuestro trabajo. Hay muchas compañías que prefieren no contratar mujeres jóvenes y solteras porque no saben si al enamorarse decidan dejar todo y seguir al marido, algo que un hombre no haría. Por el contrario, el matrimonio en sus vidas inyecta estabilidad y mayor responsabilidad ante su trabajo porque tienen una familia que mantener. También está el factor embarazo, que se convierte en algo cercano a una enfermedad que puede desatarse en cualquier momento, dificultando la labor de la mujer y obligando al empleador a darle vacaciones pagadas por culpa de la maternidad. En pocas palabras, no somos la mejor garantía porque se siguen viendo nuestros esfuerzos como parte de un capricho que tiraremos por la borda en el momento en que logremos lo que se considera es realmente importante para una mujer: el matrimonio y los hijos.

Tampoco nos sirve de mucha ayuda el que decidamos ingresar en la fuerza laboral cuando ya todos estos impedimentos se han ido de nuestras vidas. Muchas mujeres, cuando crecen los hijos, inician una búsqueda por lograr algo a nivel personal. A ellas no les es nada fácil porque se enfrentan a la triste realidad de que no tienen experiencia. Como si balancear el presupuesto familiar durante años no fuera suficiente prueba de sus habilidades económicas, como si criar unos hijos que ya están en la universidad no fuera suficiente para demostrar la capacidad de sacar adelante un proyecto desde que está en pañales, como si todas esas reuniones sociales en las que sirvió como anfitriona para los clientes de su marido no le dieran de por sí un doctorado empírico en relaciones públicas, como si la constancia, paciencia y resistencia que ha demostrado en una sociedad llamada matrimonio no fuera suficiente garantía de una experiencia que se labró día a día.

Y es que, como decía mi abuela, nos estábamos metiendo en terreno prohibido y eso tenía su precio. Sin embargo, no nos desalentamos y hemos logrado triunfar como profesionales del hogar y de la calle. Hemos logrado hacerlo bien a pesar de la discriminación, de que no nos paguen lo mismo, de que haya clubes de ejecutivos que todavía, a las puertas del siglo XXI, nos niegan la entrada. Nada nos ha detenido, ni siquiera el tratar de encajar en un mundo en el que lo que hagamos no será visto con los mismos ojos que si lo hiciera un hombre. Un mundo en el que hemos tenido que aguantar propuestas poco decorosas para recibir un ascenso que merecemos por derecho propio, en el que tenemos que aguantar que se nos recuerde a cada momento que somos mujeres. Si vamos a comer con el jefe demasiado, lo más seguro es que haya romance a la vista; para un hombre sería síntoma de que pronto lo van a ascender. Si ponemos la foto de nuestros hijos en el escritorio, sería prueba de que la familia es lo más importante para nosotras; en ellos es sólo una muestra de que es un padre responsable. Si tenemos el escritorio desordenado, es señal de lo poco organizadas que somos; en ellos se convierte en una prueba de la cantidad de trabajo que tienen. Si nos ascienden, lo más seguro es que hayamos dado un paseo por la cama de nuestro superior; para ellos es sólo un premio a su profesionalismo.

Y hemos pagado el precio por el simple hecho de querer superarnos y lograr realizar nuestros sueños en una sociedad reservada exclusivamente para los hombres. Pero lo hemos pagado con la satisfacción de haber abierto un nuevo camino para las mujeres del futuro. Hemos puesto a prueba nuestras capacidades y hemos conseguido un lugar en un mundo en el que hasta hace sólo unos años éramos simples espectadoras porque al final detrás de un gran hombre siempre hay una gran mujer, pero detrás de una mujer están la fuerza y la valentía que nos hacen el más fuerte de los sexos débiles.

8. La debilidad de los fuertes

La fama de débiles la verdad es que nos la ganamos nosotras solitas. No sólo la criamos sino que la alimentamos durante años creyendo que ésta era una faceta más de nuestra feminidad. Hubo una época en la que estábamos tan posesionadas de nuestro papel que con cualquier impresión que recibiera una mujer inmediatamente caía rendida por un desmayo. No importaba si la noticia era buena o mala, se ponían la mano en la cabeza y buscaban la forma más elegante y segura de caer al piso. El descaro era tanto que ya hasta guardaban las sales en el puño de la manga o en el sostén, para que el momento de languidez durara justo lo necesario y no fueran enviadas directamente a un hospital.

La literatura y las películas fueron los cómplices en esta lucha por mostrar nuestra debilidad. Margarita Gautier se va deshojando poco a poco haciendo honor a su apodo de la Dama de las Camelias, consumida en la tristeza de un amor imposible. Nosotras asumimos que definitivamente había muerto por amor y decidimos ignorar la tuberculosis que tenía y que se hubiera llevado al más macho de los hombres. Yo ni me acuerdo de qué murió María, la protagonista de la inolvidable obra de Jorge Isaac. Sólo sé que ante la perspectiva de vivir sin Efraín, se fue debilitando, perdiendo el color y sólo atinó a pedir que le cortaran sus trenzas para dejárselas como regalo a su amado que, por supuesto, era lo suficientemente fuerte y valeroso como para poder vivir sin ella. Ana Karenina no se quedó atrás. Pero a la pobre no le consiguieron una enfermedad adecuada para poder debilitarse ante el rechazo del conde. Así que ella no encontró mejor solución que tirarse a los rieles de un tren para poder demostrarle al mundo que era una mujer débil y, por lo tanto, no podía seguir viviendo. A la única que le salieron las cosas bien fue a Julieta, porque Romeo resultó ser tan débil como ella y en un acto único en la historia también se quitó la vida.

Nunca he leído un libro en el que sea el hombre el que muere al final de la historia y mucho menos que muera de una enfermedad incurable cercana al desamor. Para ellos se reservó siempre el papel de fuertes en todas estas situaciones que estaban muy lejos de la realidad, porque en la práctica el llamado sexo débil se caracteriza precisamente por su fortaleza física y emocional. No hay más que escuchar a un hombre comentar cómo la raza humana se hubiera extinguido si fueran ellos los encargados de dar vida. Sólo hay que presenciar la enfermedad de un hombre para ver cómo ese cuerpo tan publicitado por su fortaleza se convierte en un puñado de debilidades.

—Mi amor, ¡corre que me estoy muriendo!

—¿Por qué?, ¿qué te pasa?

—Me está dando un derrame cerebral.

—¿Estás seguro?, ¿qué sientes?

—Me palpitan las sienes, siento que el ojo se me va a salir y el dolor me llega hasta el cuello.

—No te preocupes, lo que tienes es jaqueca. Una simple migraña.

—Te equivocas, ésas son enfermedades de mujeres. Lo mío es serio. Me está dando un derrame y tú ni te das por enterada.

Enteradas estamos porque no hay mujer que haya presenciado la enfermedad de un hombre sin sentirse envuelta en una tragedia. Ellos no se enferman del estómago, sino de cáncer. No les da dolor de cabeza, es un derrame. No tienen un resfriado, es una bronconeumonía. Para el sector masculino las enfermedades significan muerte. Se convierten en un manojo de nervios, hay que consentirlos como si fueran bebés y rogarles que se tomen una pastilla porque no hay ninguna necesidad de separar el lote en el cementerio. Después de mucho tiempo seguirán recordando el dolor como "El día en que casi me muero", olvidando al mismo tiempo que se curaron con una simple aspirina, hasta que les aparezca otra enfermedad terminal. Para algunos no hay ni siquiera necesidad de llegar a la aspirina. Todo se les va ante la mención de la palabra médico. Al parecer les entra pánico de pensar que el doctor les pueda confirmar sus sospechas de muerte segura.

—Ir al médico, ¿para qué?

—Pues como te está dando un derrame. Además sería bueno que te hicieras una revisión aunque sea para ver por qué te están dando esas migrañas. Así te hacen un examen físico y probarás por ti mismo que no estás muriéndote.

—Eso es una pérdida de tiempo, yo me siento en mi mejor momento. Es más, estoy de quince. Qué manía tienen las mujeres con los médicos. A ustedes les encanta un viajecito donde el doctor. No hay más que verte cuando tienes cita donde el ginecólogo. Esa visita para ti es sagrada.

—Sí, fíjate, me encanta. No puedo encontrar mayor diversión que ir a que me acuesten, me abran de piernas, me intro-

La debilidad de los fuertes.

duzcan en la vagina un aparato llamado espéculo, que mide como diez centímetros de largo y que cuando está adentro te lo abren como cinco centímetros para poder meterte una brochita con la que te aspirarán unas células para saber si tienes cáncer o no. Pero ésa no es la mejor parte. Lo bueno es cuando el doctor te empieza a decir relájate, no te pongas tensa porque si no te va a doler. Tienes toda la razón. Esas visitas son lo máximo.

Mi madre fue una de esas mujeres que aprendieron lo que puede ser una crisis de los cincuenta a punta de síntomas callejeros. En el momento en que mi padre cumplió el medio siglo se transformó en un centro ambulante de enfermedades. No había en el mercado de sus amigos un dolor que él no tuviera, no había infección en la calle que él no recogiera y las resacas eran sinónimos de un día en la cama consintiendo las náuseas propias de una noche pasada de alcohol. Creo que estas últimas eran las favoritas de mi madre porque le daban la oportunidad de recordarle a mi padre aquellos meses de embarazo en los que cuando ella se quejaba, él le decía: "Mija, eso es psicológico".

—Mija, hazme una sopita de pollo para ver si se me quita el malestar.

—¿Tan mal te sientes?

—Me estoy muriendo. Las ganas de vomitar me están matando, me arde el estómago, me siento débil. Estoy todo rebotado.

—Bueno, consuélate. Eso de hoy no pasa porque es una simple resaca. Y pensar que yo me sentía así cinco meses seguidos durante mis cuatro embarazos. Pero eso era psicológico, lo tuyo se arregla tomando moderadamente la próxima vez.

Las noches de mi madre se convirtieron en un constante ir y venir del botiquín, entre la hernia dietal, sus consabidos problemas estomacales y el resto de enfermedades mortales que lo aquejaban diariamente. Un día se encontró sin medicamentos que darle y por no aguantar la cantaleta no tuvo más remedio que presentarle una pastilla para los cólicos menstruales. Santo remedio. A partir de ese momento empezó a mejorar y los dolores que lo agobiaban desaparecían con la mágica pildorita.

Lo más triste de todo es que la debilidad masculina va más allá de las dolencias físicas. No hay nadie más cobarde a la hora de tomar decisiones que un hombre. Le tienen miedo a todo. A comprometerse, a casarse, a tener hijos, a separarse, a divorciarse, a cambiar de trabajo, a abrir su propia empresa y a cualquier cosa que ponga en peligro su estabilidad y por supuesto la comodidad.

—Yo no entiendo —le dije un día a una amiga—. Cómo pueden ser tan valerosos para matar una cucaracha y que les cueste tanto tomar una decisión. Es que hasta le temen a hablar de sus sentimientos por miedo a que uno los malinterprete.

—Pues así son —me dijo—. Aunque te parezca mentira, ellos piensan más las cosas, le temen más al qué dirán, a la gente que pueden herir. Son más precavidos con sus sentimientos porque no les gusta verse involucrados para después tener que echar para atrás.

—Esa descripción parece más la de una mujer que la de un hombre.

—Pero la cuestión es al revés. ¿Cuánto tiempo le toma a un hombre dejar a su mujer y a sus hijos si se enamora de otra? Años y hasta vidas. Si no los agarran con las manos en la masa, lo más seguro es que sigan viviendo una doble vida, porque eso es más fácil que tomar una decisión. En cambio, ¿cuántas mujeres lo han dejado todo por amor? Muchas. Es muy sim-

94

ple y hasta tienen su razón biológica. A nosotras Dios nos puso los huevos adentro y hasta nos damos el lujo de botarlos mensualmente. A ellos se los puso afuera, a la vista y sin posibilidad de perderlos. ¿Sabes para qué? Para que no se les olvide que los tienen.

De todas formas, con huevos o no, las mujeres hemos sido durante años la fuerza oculta detrás del trono. Con nuestra debilidad hemos traído hijos al mundo, hemos apoyado a nuestro hombre y les hemos inyectado nuestra fortaleza en los momentos bajos. Hemos demostrado hasta el cansancio nuestra resistencia y perseverancia en un mundo donde nada nos era permitido. Hasta que un grupo de mujeres decidieron que lo de la debilidad era una gran mentira y que ya estaba bueno de tanta farsa. Empuñaron las armas en un movimiento de liberación y de igualdad, que hasta el día de hoy no tengo claro si sólo sirvió para despojarnos del sostén o para terminar de complicarnos la vida.

9. Liberación con cadenas

La idea fue buena. Al menos en su fase inicial. La igualdad de la mujer. Conseguir que finalmente los hombres del mundo nos vieran como personas capaces y pensantes. Que se nos diera nuestro lugar. En cierta forma funcionó. Y digo en cierta forma porque la verdad es que logramos que se dieran cuenta de que no es que fuéramos tontas, sino que no se nos había dado la oportunidad de demostrar lo contrario. El movimiento de liberación femenina fue nuestro pasaporte para entrar al mundo de los seres con cerebro. El problema fue que en todo este proceso se metieron las radicales, ésas que se toman todo a pecho, y allí se pudrió todo. En vez de luchar por lograr la igualdad y compartir todos los derechos que tenía el sector masculino, decidieron competir y, claro, los hombres, al ver que peligraba su reinado de tantos años, decidieron que ya no nos podían detener, pero la cosa para nosotras no iba a ser tan fácil. Creo que fue así como todo este cuentecito de la famosa liberación terminó siendo cuchillo para nuestro propio cuello. Logramos ser parte del sector laboral, pero a costa de nuestra propia tranquilidad y, lo que es peor, a costa de lo más importante que tiene un ser humano, el derecho a elegir. Antes nos podíamos dar el lujo de estudiar una carrera si nos daba la gana y después decidir si ejercíamos o no. Ahora las cosas han cambiado y son precisamente las mujeres las que te hacen sentir que estás fallando con cualquier decisión que hayas tomado.

—¿Y tú qué haces?

—¿Yo? Soy vicepresidenta de mercadeo de una compañía de computadoras.

—Dios mío, pero eso debe ser un trabajo supercomplicado.

—No es tan complicado, pero sí requiere mucho esfuerzo.

—¿Y cómo le haces? Porque a mí me parece agotador trabajar y al mismo tiempo llevar la casa, atender a los niños, sobre todo en estos tiempos en los que hay tantos peligros en las calles y uno tiene que estar 24 horas del día encima de los hijos.

—Bueno, no es fácil, pero la clave de todo está en la organización. Hay que aprender que lo más importante no es la cantidad de tiempo que uno le dedique al hogar y a los hijos, sino la calidad.

Así se encuentra uno disculpándose con todo el mundo y con uno mismo por haber sido una de esas que buscan su propia realización. Con esta frase, que hasta parece sacada del manual de respuestas de una mujer trabajadora, en vano tratamos insistentemente de que nos borre el sentimiento de culpabilidad. Pero allí no queda todo, lo más seguro es que la moral se nos vaya al piso cuando la conversación continúe con los precios de los uniformes del colegio, que nosotras no hemos ido a recoger, con la última película de Disney que tanto encanta a los niños y que los nuestros no han ido a ver, con las hazañas diabólicas de las niñeras, que uno no tenía ni la menor idea que habían sido tan publicitadas en la televisión. En ese momento desearíamos poder ser una simple ama de casa. Una mujer entregada a su familia sin que la espinita del crecimiento personal te pinche los sueños cada día. Pero tampoco así la situación cambiaría, simplemente estaríamos en el bando contrario y llegaría el momento en el que otra mujer se encargaría de hacerte sentir que también esta decisión es equivocada.

—¿Y tú qué haces? ¿A qué te dedicas?

—Yo soy ama de casa.

En este instante las liberadas te miran como si fueras un gusano, una de esas pobres mujeres que continúan bajo el yugo masculino.

—¿Y no haces nada por ti, para ti?

—¿Algo como qué?

—Alguna labor que te haga crecer como persona, que te haga sentir realizada a nivel personal.

—Yo me siento realizada. Soy feliz cuidando a mis hijos, esperando a mi marido en la casa.

—¿Pero qué haces con tu tiempo libre?

—Pues soy de la asociación de padres de familia, soy voluntaria en el colegio de mis hijos y en varias obras de beneficencia.

—Pues estás perdiendo tu vida y corres el peligro de que tu marido se vaya con otra.

—¿Por qué? Si yo lo atiendo bien, su casa siempre está en orden, su ropa planchada, su comida en la mesa.

—Todo eso suena muy bonito, pero los tiempos han cambiado y los hombres ahora quieren una mujer inteligente que sepa de qué hablar, que tenga intereses propios y esa clase de mujeres es con las que él trabaja. En cualquier momento se cansa de escuchar las tonterías domésticas y en un abrir y cerrar de ojos se va con esa.

Por supuesto que esta vez la moral no se nos va para el piso, simplemente nos abandona. Nos sentimos unas simples mantenidas, con un cerebro que se ha reducido a su mínima expresión entre pañales, cocina, lavandería y reuniones escolares. Hasta empieza uno a pensar cuál de las clientas de nuestro marido puede ser la que tenga una conversación tan interesante como para llevárselo para siempre.

Hasta aquí llegan todos los sueños de ser un ama de casa. Todas las ilusiones que una mujer pudo haber tenido de dedicarse a la profesión más ingrata del mundo. Pero sobre todo, se nos fue el derecho a elegir y a no sentirnos mal por la decisión que hemos tomado. ¿Acaso no tiene el mismo valor una mujer que logra ser presidenta de una nación que una que educa a un hijo para llegar a serlo, o que trabaja como una hormiguita apoyando a su marido para que logre sus metas?

Yo pienso que sí, pero después de la liberación a muchas mujeres la vida no se les convirtió en una cuestión de derechos, sino de nuevas responsabilidades. No contentas con esto, las más radicales también decidieron acabar con una de las partes más hermosas de las relaciones: el consentimiento y la adulación. No más que le abrieran a una la puerta del carro, no más que la dejaran pasar primero, no más retirada de silla antes de sentarnos. No, la idea era que nosotras podíamos hasta pagar nuestras propias cuentas. Esto ya no es feminista, es machista, porque ninguna mujer que se precie puede ir en contra de su propia economía. Cualquier mujer sabe lo caro que puede ser no tener novio. Un hombre a nuestro lado garantiza el poder disfrutar de una vida social y al mismo tiempo poder comprarnos todo lo que queramos sin pensar en el dinero que nos gastamos en la última cena. Pero no. El movimiento de liberación tenía sus reglas y ésta era una de ellas, ahorrarles dinero a ellos. Hasta las casadas que trabajaban para darse caprichos mientras el marido corría con los gastos de la casa se encontraron de pronto participando en la economía familiar. ¿Qué pasó con ser mantenidas? ¿Qué tenía de malo que le dieran a uno de todo? Yo la verdad es que no lo entiendo. Como tampoco puedo comprender que un piropo se haya convertido en un delito que puede llevar a un hombre a la cárcel. Nos quitamos hasta la satisfacción de recibir una palabra amable y que en vez de que nos digan lo bonitas que estamos nos digan que hoy estamos más inteligentes que ayer. Los hombres han tenido que aprender a ser galantes y asumir que la parte más atractiva de una mujer de hoy no son sus piernas, ni su boca, ni sus ojos, sino su cerebro.

Al final creo que se nos fue un poco la mano y nos tomamos demasiado a pecho el cuento de la liberación. Quisimos ser iguales en todos los sentidos y no tomamos en cuenta las consecuencias para una generación que creció con la liberación pero que fue enseñada por personas a las que este movimiento les llegó demasiado tarde. Fue fácil liberarnos a nivel profesional e intelectual, para eso sólo tuvimos que ir a una universidad y demostrar nuestras capacidades. Sin embargo, esa liberación femenina trajo consigo otro tipo de liberación para la que las mujeres no estábamos preparadas y para la que desgraciadamente no existe una universidad, la liberación sexual.

Entre la decencia y la facilidad

Dicen que empezó con la maravillosa llegada de la píldora anticonceptiva. Que fue en ese momento en que las mujeres

Liberación con cadenas.

pudimos darnos el lujo de tener una vida sexual activa, sin que fuéramos premiadas con un regalito que tendríamos que cuidar para siempre. Puede que esto sea cierto para otras culturas que no sea la latinoamericana porque definitivamente el que la píldora existiera no cambió para nada la manera de pensar de los educadores sexuales de esa época, nuestros progenitores. Por lo menos en lo que fue mi casa la liberación llegó hasta la universidad. A nivel sexual las cosas seguían siendo iguales y las mujeres seguíamos teniendo un himen que cuidar y el peso de una palabra llamada decencia. De pronto nuestra generación se encontró con que la cuestión iba más allá de estudiar, trabajar y opinar. Teníamos que también aprender a liberarnos sexualmente. Teníamos que buscar el placer en el sexo y no en el amor. Despojarnos de esa idea absurda de que una mujer que no lo da es decente y la que lo da es fácil. Asimilar que uno tiene deseos y necesidades que deben ser llenados sin que esto implique amor. En pocas palabras, pensar masculinamente y empezar a hacer sexo y no el amor.

Suena bastante fácil, pero del dicho al hecho hay mucho trecho y no se puede en una sola generación cambiar patrones establecidos durante siglos. El sexo fue para nuestras abuelas una humillación y para nuestras madres casi una obligación. De pronto se empezó a hablar de deseos femeninos, de necesidades y aprendimos a disfrutar de él, pero sólo con la persona que amábamos. De ser unas ignorantes sexuales pasamos en tres décadas a ser unas necesitadas. Palabras que no eran mencionables, como orgasmo, y que muchas ni siquiera sabían qué significaba, se convirtieron en parte de nuestros derechos. No sólo teníamos que saber de qué se trataba, sino que además teníamos la obligación de tener uno cada vez que nos acostábamos con alguien. Descubrimos que el punto G era algo más que una letra y que ya era hora de que encontráramos el nuestro. De un día para otro teníamos que hablar de insatisfacciones con nuestra pareja cuando había mujeres que ni siquiera sabían que no estaban satisfechas. Nos explicaron las revistas y los libros las distintas formas de lograr un orgasmo y que si uno no sabía lo que era, definitivamente ese hombre nos estaba haciendo perder el tiempo. Teníamos que aprender a gozarlo, a disfrutarlo y hasta tratar de encontrar nuevas maneras de hacerlo más excitante.

Esta parte no fue difícil de asimilar. Después de todo conllevaba la libertad de poder sentir. Convertir algo pecaminoso en un placer y liberar nuestros deseos. La cuestión se puso color de hormiga cuando no sólo teníamos que gozarlo, sino que debíamos aprender a hacerlo como hombres. En este capítulo se le olvidó a alguien del Movimiento lo difícil que es borrar del subconsciente lo que hemos grabado durante años. Sí, sería maravilloso conocer a un hombre, sentir que nuestras hormonas se vuelven locas, hacer el sexo, levantarse, preguntarle el nombre por amabilidad y pensar que sólo fue eso, un acto sexual en el que ambos disfrutaron y punto. No, la cosa para nosotras no funciona así. Lo más seguro es que al día siguiente estemos esperando una llamada, que tengamos la ilusión de que con ese acto se haya iniciado la relación de nuestras vidas, que esas palabras de amor que dijo mientras lo hacíamos sean de verdad. Las mujeres seguimos dando sexo para conseguir amor y ellos continúan dando amor para conseguir sexo. Para nosotras ambas cosas son lo mismo, para ellos no. Los hombres pueden tener su primera experiencia sexual con una prostituta y ya se han iniciado; para las mujeres, una mala primera experiencia nos marcaría para siempre.

Y es que para lograr la famosa liberación sexual tendríamos que cambiar mucho más que una simple actitud. Habría que introducir una nueva mentalidad en organismos tan conservadores como la sociedad y la religión. Que éstos aceptaran los deseos de una mujer como parte de su esencia, así como lo hacen con los hombres. Que las mujeres fuéramos educadas desde un principio bajo esta nueva mentalidad y que algún día pudiéramos lograr que nuestra actividad sexual sea tan normal como la de nuestros amigos, nuestros primos y nuestros hermanos. Que pudiéramos sentarnos a hablar del tema con orgullo y complicidad.

—¿Cómo te fue anoche?

—Bien, papi.

—Me imagino porque no viniste a dormir. ¿Fuiste a un hotel o te quedaste en el apartamento de él?

—Fuimos a su apartamento y lo pasamos que ni te cuento.

—Tienes que tener cuidado, como están los tiempos me imagino que habrás llevado condones.

—Papi, tú sabes que siempre los exijo.

—¿Y qué? ¿Hay romance en el camino?

—¿Estás loco?, claro que no. Fue una de esas noches. Además no es del tipo con que uno se casaría. Tú me entiendes.

En ese momento el orgulloso padre se reiría, le daría a uno una palmadita en la espalda y exclamaría: "Esta hija mía es toda una play-girl".

Una conversación bastante normal entre padre e hijo, pero que pasarán más de mil años antes de que pueda ser una realidad entre un padre y una hija. Para ellos y para nuestros hermanos nosotras somos personas asexuales y para el resto de los hombres nuestra vida sexual sigue siendo sinónimo de reputación. Ellos han asumido la liberación porque la verdad es que no les ha quedado otro remedio, pero todavía no han logrado asimilar la promiscuidad como parte de nuestras vidas. Se quejan constantemente de nuestra manía perenne por convertir todo en una relación. Hablan de lo hermoso que sería que una mujer pudiera tener sexo con ellos sin que eso significara un futuro, una casa, unos hijos. Sin embargo, si una mujer se acuesta con ellos y se da el lujo de decirles que fue sólo eso, un acostón, se les rompen todos los esquemas. Una sí puede ser el capricho de una noche. Ellos no, porque están acostumbrados a que ese acto deje huella, quieren ser inolvidables y no resisten la idea de haber sido usados para llenar una simple necesidad.

Por eso la liberación ha sido tan compleja para las mujeres porque no depende sólo de nosotras, sino de una serie de comportamientos ya establecidos que tendrían que cambiar antes de que podamos liberarnos de nuestras cadenas mentales. Nos hemos despojado exitosamente de todas las expectativas que nos condicionaban y que hicieron de nuestras vidas un monumento a la represión, la necesidad, la renunciación y la sumisión. Sin embargo, la sexualidad de la mujer sigue condicionada a ciertos patrones de conducta que hemos adquirido en la niñez y que han hecho que el sexo para nosotras sea un terreno desconocido, lleno de interrogantes y de inhibiciones hasta en el momento de la gran crisis.

10. En crisis

Me dijeron que así como llegó se iría, pero que a esta visita mensual le tomaría la nada agradable cifra de 40 años para retirarse. Muchas veces soñé con el día en que se fuera. Sobre todo en esas largas noches cuando no sabía dónde me dolía más, si la espalda, la pelvis, el estómago, las piernas o la cabeza. Invocaba a la menopausia como el único remedio para mi mal y buscaba desesperada en el botiquín una de esas pastillas que los hombres nunca sabrán para qué sirven. A los 17 años es muy fácil asociar a la menopausia con la salvación, al fin y al cabo en esa edad ninguna mujer sabe lo que es el reloj biológico y la vejez es la última de nuestras preocupaciones. No entendía para qué nos habían mandado esta maldición tan temprano en la vida, si yo no tenía planes de tener hijos hasta que me casara. Llevaba ya cinco años con esa cruz que me parecía una perdedera de óvulos y de tiempo. Definitivamente el de arriba se había equivocado con las cuentas y hubiera sido más inteligente que el periodo nos llegara en los veintes, así hasta se evitarían tantos embarazos y vergüenzas a destiempo. Me parecía mentira que mi propia madre me dijera que no me quejara tanto, que ya llegaría el día en que rogaría porque no se me fuera la regla y tuviera que enfrentarme a la palabra maldita: menopausia.

Y el día llega. De pronto nos encontramos con treinta y cinco años sin poder entender en qué momento se nos fue la vida, si apenas ayer teníamos 20. Sin poder comprender cómo podemos tener esta sensación de juventud y de que la vida apenas está empezando cuando tenemos tan cerca algo llamado menopausia. Hacemos cuentas de cuántos años hábiles nos quedan antes de que nos llegue la hora de la sequía y nos parece mentira que esa etapa en la vida de una mujer sea asociada con la vejez y la pérdida de nuestras facultades sexuales. Menopáusica, menopáusica es mi abuela, mis tías solteronas y hasta mi mamá, pero una mujer llena de vida y de sueños, ¿cómo voy a ser una menopáusica?

Y es que aunque las cosas hayan cambiado y una mujer a los cuarenta años no sea vieja, ni tenga que quedarse tejiendo en su casa y mucho menos tenga que negarse los placeres sexuales, seguimos asociando a la menopausia con el final. Así lo escuchamos de siempre y así también aprendimos a no hablar del tema, porque de las cosas malas e inevitables es preferible no darse por enterada. Fue así como nadie se atrevía a mencionar los calores, las depresiones, las transpiraciones nocturnas, el insomnio, el aumento de peso, la irritabilidad y la resequedad vaginal, que eran los síntomas de una enfermedad que deterioraba nuestras facultades femeninas y terminaba con uno de los conceptos más valorados en nuestra cultura, la juventud.

Actualmente es mucho lo que se habla de la menopausia y las mujeres de hoy en día tratan de asimilar un proceso que durante años aceptaron con resignación. Estamos aprendiendo a comprender una etapa de nuestras vidas y tratando de asimilar el hecho de que no es definitiva. Sabemos que todavía nos quedan como treinta años más de vida productiva, pero el saber no acaba con siglos de mala información y mucho menos con la ley de gravedad que se empeña a partir de este momento en despojarnos de toda nuestra belleza y juventud. La menopausia sigue llegando a la vida de muchas mujeres precedida del factor negación.

—Creo que este fenómeno de la capa de ozono está peor de lo que nos han hecho creer.

—¿Por qué dices eso?

—Porque están haciendo unos calores del otro mundo. Hay veces que ni el aire acondicionado funciona y uno siente como si fuera a arder. Lo peor es que a mí estos calores me ponen de un genio negro. De noche no puedo dormir y me siento en el mismísimo infierno.

—Ese infierno tiene nombre, se llama menopausia.

—¿Menopausia? ¡Estás loca! Si soy una mujer joven todavía, no tengo síntomas de vejez; es más, te confieso que sexualmente estoy mejor que nunca.

—Nadie te ha dicho que estás vieja. Pero tus síntomas son los de una persona que está entrando en la menopausia. Al fin y al cabo eres una mujer de 43 años.

—Ni me lo menciones. ¿Y qué puede hacer uno ante esta desgracia?

—No es ninguna desgracia, es lo más normal del mundo y si no nos morimos de la impresión la primera vez que vimos salir sangre de entre las piernas, créeme que ahora tampoco va a pasar nada.

—Pero tiene qué haber algo para todos estos síntomas.

—Pues ya que lo has aceptado, ve a ver a un médico. Él te mandará hormonas, alguna crema para la resequedad vaginal, calcio para que no te agarre la osteoporosis...

—¿Y qué hago con la vejez? Porque ahora sí que se empieza uno a deteriorar.

—Si la cosa se te pone muy difícil, haz lo que hacen muchas mujeres. Ve con un cirujano a que te estire la cara, te haga la lipo y te levante el busto. Así por lo menos recuperas un poco la seguridad en ti misma, si eso te preocupa tanto.

—¿Y sí funcionará?

—Es la única alternativa que tenemos. Ni modo que hagamos lo que hacen los hombres cuando les llega la crisis. A uno sí que no le queda nada bien irse a buscar jovencitos e iniciar una lucha contra la vejez a punta de cama. A ellos la sociedad se los acepta, pero a nosotras no nos queda más que el bisturí.

Una realidad que nos ha acompañado por años. Los sexos enfrentan las crisis de forma diferente y uno hasta se cansa de escuchar que el marido anda con una jovencita, pero son cosas de la mediana edad. Algo pasajero porque el pobre anda en esa "época de crisis". Con esa frase todo queda explicado, como si existiera un estudio científico que dijera que la juventud masculina es recuperable a través de encuentros sexuales con jovencitas. Algo así como que el que anda con la miel algo se le pega.

En un mundo regido por hombres, las mujeres asumimos este cuento como lo más normal del mundo y lo digerimos. A nadie se le ocurrió pensar que no existe una conexión lógica entre el sexo, la fidelidad y la carne joven. Pero como no hay nada oculto entre cielo y tierra, de pronto en los últimos años han aparecido estudios que hablan de un tema desconocido para las mujeres e innombrable para los hombres, la menopausia masculina. Aparentemente a ellos les va peor que a nosotras con el famoso temita y cuando se habla de esta etapa en la vida de un hombre, los títulos son bastante ilustrativos: "El último orgasmo", "El paso del tiempo", "La crisis de la virilidad". ¡Con razón se lo tenían tan callado!

LA MENOPAUSIA... LA DE ELLOS

Los urólogos la llaman andropausia, los sexólogos le dicen viropausia, algo así como la pausa de la virilidad, y los médicos comunes y corrientes se refieren a ella como climaterio. Muchos términos para definir algo tan normal para las mujeres llamado menopausia, pero que en esta ocasión le tocó a los hombres. Todas estas palabras quieren decir lo mismo, al acercarse a los cincuenta años la vida sexual de un hombre nunca será igual. Resumiendo, es mentira todo ese cuento de que ellos pasan por la vida sin sentir los estragos de la vejez sexual. Siempre nos hicieron creer que para ellos era igual y como podían seguir procreando hasta el final de sus días supusimos que en realidad la peor parte la llevábamos nosotras. Al fin y al cabo Charles Chaplin tuvo un hijo a los ochenta y Anthony Queen a los setenta y cinco. ¿Qué más pruebas necesitábamos? A ellos nadie les cortaba el flujo procreador, en cambio nuestra menopausia tenía su momento marcado con síntomas a la vista y con miles de años de prejuicios aprendidos. Y aquí radica la diferencia entre la menopausia masculina y la femenina. Nuestro proceso es corto y después de nosotras depende que la vida sexual siga siendo igual y hasta que mejore notablemente. El de ellos es un proceso lento, silencioso, que empieza a los treinta años y que no hay nadie, ni nada que lo detenga.

Sí, también ellos entre los cuarenta y los sesenta y cinco descubren que las cosas han cambiado pero no porque noten

En crisis.

la ausencia de algo, sino porque se dan cuenta de que ya sexualmente no son los de antes. Algo muy difícil de aceptar para el sector masculino si tenemos en cuenta que para muchos significa la pérdida de su esencia masculina. ¿Quién nos iba a decir que el apogeo sexual para los hombres aparece al final de la adolescencia y que después va mermando poco a poco, década a década, día a día, minuto a minuto? ¿Quién podría imaginarse que la única etapa en que funcionan como reloj suizo es alrededor de los 18 años cuando a las mujeres ese apogeo apenas les empieza a los treinta y cinco? Nadie. Por el contrario, siempre se nos inculcó que nuestra pareja fuera mayor que nosotras por aquello de que la mujer envejece más rápido sin contar que cuando una mujer va en subida, el hombre viene de bajada.

—Es inaudito, ahora que yo estoy en mi mejor momento, mi marido no va en la misma velocidad —me comentó una amiga que recién había estrenado sus treinta y cinco años.

—¿En qué sentido? —le pregunté.

—Es algo muy raro porque desde que entré a los treinta y cinco es como si me hubiera liberado sexualmente. Quiero más frecuencia, experimentar cosas nuevas, cosas emocionantes. Y ahora es él quien siempre tiene dolor de cabeza, o está muy cansado para esas cosas. Que ya estamos demasiado viejos para estar como si fuéramos recién casados...

—Pero, ¿es que él no quiere?

—Creo que ahí está el detalle. De querer quiere, lo que pasa es que no puede. Yo sé que él trata, pero entre más trata más le cuesta aceptar que ya no es el de antes y, por supuesto, es hombre. Moriría antes que aceptar que su aliado sexual ya no tiene la misma flexibilidad. Por eso prefiere echarme a mí la culpa y decirme que me he convertido en una enferma sexual.

—No le des tantas vueltas al asunto. A lo mejor sí está cansado. Además ya llevan diez años casados, no puede ser como antes.

—Créemelo, yo he investigado. Hasta llegué a pensar que tenía otra, pero la cosa es científica. Es pura ley de gravedad. A nosotras se nos cae el busto y a ellos el que te dije.

Son muchas las mujeres que han notado este cambio en sus maridos, pero por supuesto es un tema intocable para ellos. Sin embargo, no hay nada más cierto que la ley de la gravedad masculina. Hasta el momento todos los estudios que nos conducen a ella están en etapa experimental, porque al igual que con las medicinas hay que esperar a ver cuáles son los efectos secundarios, que en este caso podrían ser devastadores. Hay que ir poco a poco introduciendo los descubrimientos, para que al enterarse, los hombres no traten de suicidarse al saber que el objeto que tanto orgullo les causa se les va cayendo del pedestal donde lo han tenido tantos años. Mientras los hombres no estén preparados para aceptar los estudios, todo este temita debe mantenerse en pañales para evitar un desastre colectivo.

Y es más que entendible. No hay nada más difícil que aceptar la muerte lenta de un ser querido. Saber que si uno toma una línea horizontal como parámetro, a los veinte años un hombre tiene una erección diez grados por encima de la línea, a los treinta logra romper el récord y sube veinte grados, pero acercándose a los cuarenta apenas logran estar por encima, y a partir de ese momento el proceso es de bajada. Entre los veinte y los setenta años la gravedad les quita 35 grados en el ángulo de erección. Por si fuera poco, también se ha descubierto que con el tiempo la cabeza tampoco les ayuda mucho y, además de ir descontando grados, van acumulando distracciones y ya la concentración no es la misma de antes. Cualquier cosa, el timbre del teléfono, la caída de un objeto, el grito de un niño, se pueden convertir en un chorro de agua fría para el fuego masculino. Lo más triste es que creo que aquí Dios se convirtió en feminista porque a las mujeres nos dio la facultad de poder hacerlo las veces que queramos, sólo necesitamos ser excitadas nuevamente y allí estamos listas para la guerra, mientras que ellos entran en lo que se llama periodo refractario, que viene a ser igual al tiempo que les toma conseguir una nueva erección. A los 25 años con 15 minutos les basta, a los cuarenta tienen que pelear contra una hora llena de sesenta lentos minutos y después de este logro cualquier cosa que siga se puede llamar literalmente un milagro. Y ni hablar de fingir, algo que las mujeres sabemos hacer tan bien. Cuando un hombre no puede, no puede.

Muchos son los hombres que se niegan a aceptar estos estudios y hay que entenderlos. Nosotras hemos vivido la menopausia toda la vida; a ellos nadie les habló del tema. Con el tiempo les tocará asumir su propia menopausia como nosotras hemos hecho con la de nosotras. Sabiendo que es algo inevitable, pero que no significa el acabose. Que al final lo más importante es la calidad y no la cantidad y que le llegó la hora a los hombres de darle más importancia a la intimidad que a la promiscuidad. Por otro lado, nosotras tendremos que aprender a vivir con la ley de la gravedad de los hombres, ser más comprensivas y asimilar algo que durante años les hemos escuchado decir a ellos: "No es lo mismo uno de veinte (sobre la línea horizontal) que uno de cuarenta (en bajada)".

11. No hay mal
que dure cien años

Creo que desde que nací he visto a mi abuela vieja. Ella tendría unos cuarenta y cinco años cuando yo llegué al mundo, y sin embargo no logro recordarla como una mujer llena de vida y de inquietudes. Siempre ha estado de luto. Iba acumulando muertos en los vestidos grises, negros y blancos que siempre ha usado. Desde su mecedora ha visto pasar la vida, el nacimiento de sus nietos, bisnietos y hasta un tataranieto. Nada parece perturbarla, pero yo he llegado a pensar que la pobre simplemente entró en un estado de shock hace algunos años cuando se divorció una de sus nietas y a partir de ese momento decidió no asumir la realidad.

Desde esa mecedora, que creo es lo único que la une con el presente, ha sido testigo de las minifaldas, de los divorcios, de los segundos matrimonios, de los hijos antes de casarse, de las relaciones sexuales antes del matrimonio, de las cirugías para agrandar o reducir el busto de algunas de sus hijas y nietas y de las visitas de mi madre en mallas de ejercicios que tanto le molestan. Nunca se queja ni pregunta la razón de todos estos acontecimientos como si para ella fueran lo más normal del mundo, pero como diría mi madre: "Es que no le queda otra alternativa". Aparentemente decidió no morirse de un infarto la primera vez que una de sus nietas metió la pata y se aferró a esta decisión para poder seguir viviendo.

Por su parte, mi madre sí ha hecho un gran esfuerzo para estar a tono con los cambios. A sus cincuenta años hace gimnasia, usa algo que se podría llamar una minifalda larga, habla de temas sexuales con sus hijas y se preocupa de cuántos condones le quedan todavía a su hijo en la billetera. A ella la liberación le llegó ya estando casada y con cuatro hijos. Ha sido un ama de casa, dama de sociedad, madre ejemplar y una frustrada economista. Ha cumplido su papel a cabalidad, como se lo enseñaron en la escuela del Aguante y la Sumisión, y fue eso lo que nos transmitió porque al fin y al cabo no conocía otra forma de educarnos. Aceptó el hecho de que las mujeres estudiáramos una carrera en el exterior, aunque la verdad es que hubiera preferido que nunca nos hubiéramos separado de ella y en cierta forma creo que más por su amor de madre que por entendimiento ha logrado superar mi divorcio, el que mi hermano lleve señoritas a su apartamento de soltero y el que sus hijos sean los protagonistas de esta generación del cambio. Sabe que las cosas no son como antes y trata de comprenderlas, pero sin poder desprenderse de todas las creencias que durante años la han acompañado. Ya no se aterra cuando alguna de las amigas de su hija pequeña sale embarazada, pero le gusta pensar que su nena sería incapaz. Sabe perfectamente que la vida sexual de una mujer no empieza con el matrimonio, pero prefiere no darse por enterada.

—Yo sé que ahora las cosas han cambiado y estoy consciente de que una mujer divorciada como tú no va a tener un novio de besitos nada más.

—Qué bueno que lo comprendas, mami.

124

—Yo no te he dicho que lo comprendo, sino que sé que eso es lo que está pasando allá afuera. Ahora, como no soy tan tonta para pensar que si las demás lo están haciendo tú vas a ser la excepción a la regla, sólo quería que supieras que entiendo en cierta forma que tú también lo hagas en su momento.

—Me parece muy bien, pues sería muy triste que a estas alturas de la vida tú pensaras que la gran mayoría de las mujeres llegan vírgenes al matrimonio y, lo que es peor, que una que ya haya estado casada esté cuidando un himen que ya no tiene.

—Claro que sé que no es así. Es lo que te estoy diciendo, pero como a veces a la juventud de ahora se le va la mano en ciertas cosas sólo quería que supieras que, aunque no estoy de acuerdo con ese tipo de situaciones, no me queda más remedio que tratar de estar a tono con los tiempos modernos. Esto no significa que quiera entrar en confidencias al respecto. Sé que eventualmente lo vas a hacer, pero por favor exclúyeme de los detalles. Prefiero hacerme a la idea de que no lo estás haciendo.

Todo un trabalenguas que tiene su origen en algo llamado respeto y que no es más que una forma de evadir una realidad que va en contra de todos los principios que les han inculcado. Esos principios tan permisivos para los hombres y al mismo tiempo tan represivos para las mujeres.

Para mi padre todo este lío de la liberación ha sido realmente algo que le ha complicado la vida y, sobre todo, que lo ha convertido en un ser contradictorio. Ha sido el más fuerte impulsador de la igualdad profesional e intelectual de la mujer y no creo que exista una hija en el mundo que haya sentido con tanta fuerza el apoyo de un padre para que fuera una mujer preparada y exitosa, pero en el área sexual la realidad es que

no ha avanzado ni un paso. En cierta forma lo entiendo porque es uno de esos machistas consumados de la vieja guardia que todavía se dan el lujo de sentirse orgullosos de su condición de macho. Acepta con ese mismo orgullo las aventuras amorosas de su único hijo, pero en su fuero interno sueña con que se case con una virgen. Se siente feliz con los logros profesionales de sus hijas, pero sin dejar de pensar que una mujer tiene que casarse para estar completa. Se aterra de que la gente viva en pecado antes de casarse y no entiende para qué los hombres se casan si ya consiguieron lo que querían. Vive en un mundo donde las mujeres seguimos teniendo un solo propósito: llenar las necesidades de los hombres.

—¿Vas a salir así tan desarreglada?

—Pero si sólo voy a comer algo.

—No es bueno que salgas con un hombre así tan desarreglada. Acuérdate que nosotros siempre estamos comparando y si él ve a una más bonita, mejor que tú, no vas a salir bien librada. Además, a un hombre no le gusta una mujer tan descotada. A nosotros nos gusta imaginarnos las cosas. Que nos sean difíciles, que tengamos que luchar por ellas...

—Papi, me parecen muy interesantes todos tus consejos, pero déjame decirte que a las mujeres también nos gustan las cosas difíciles y no estamos en este mundo para que nuestro código de vida sea "lo que a un hombre le gusta". Si no le gusta, que se vaya por el mismo lugar por donde vino. Además, déjame ponerte al día un poco sobre la situación para que no parezcas un dinosaurio. Los hombres de hoy en día han entendido que una mujer es más que un objeto decorativo que lo pusieron en este mundo para complacerlos, tienen la obligación de aceptarla a una tal como es porque es lo que nosotras hemos hecho durante años con ustedes y lo que sí ya te va a dejar aterrado, no les importa que uno no sea virgen, ni que haya tenido otras experiencias porque al fin y al cabo no estamos haciendo nada que ellos no hayan hecho.

—Estás equivocada. Los hombres seguimos siendo exactamente iguales. No creo que haya un hombre que se aguante esa clase de cosas. Eso iría en contra de su hombría. Se hacen los que esas cosas no les importan porque es lo que está de moda, pero en el fondo siguen pensando igual.

No hay nadie que le pueda hacer cambiar de opinión y en cierta forma es entendible. Una mujer convive más con sus hijos que ellos y por lo tanto tiene la oportunidad de crecer con ellos a través de sus confidencias, del primer beso, de la primera experiencia amorosa. Los padres se metieron en una oficina donde nunca estuvieron expuestos a los cambios que por medio de sus hijos la vida iba dando. Ellos son de la generación del reinado masculino. Ellos eran los que llamaban a invitar, los que hacían el primero, el segundo y todos los demás intentos de acercamiento, los que pagaban la cuenta, los que llevaban la conversación, los que daban por terminada la relación, los que decidían si querían casarse con una o no. Lo único que les preocupaba era el famoso "¿Será que con ésta puedo ir más allá?" y de que lo consiguieran dependía su estadía en esta relación. Era una simple cacería en la que ellos eran los cazadores y nosotras las presas y de pronto las liebres empezaron a dispararle a las escopetas. En sólo tres décadas las mujeres podíamos ser las que hiciéramos el primer intento, teníamos intereses y sobre todo un opinador recién estrenado, nos dábamos el lujo de pagar la cuenta en un restaurante y hasta se nos dio una tarjeta de plástico para que lo hiciéramos decorosamente. Tenemos varios métodos anticonceptivos para poder acostarnos sin preocupaciones futuras y hasta se crearon colgantes y pequeñas billeteras con el único propósito de que una mujer lleve sus condones en la era del sida.

Un cambio muy difícil de asimilar para la generación de nuestros padres y ni hablemos de la de nuestros abuelos. Sin embargo, creo que ha sido mucho más complicado para nosotras, la generación del cambio. Para todas aquellas mujeres que fuimos educadas dentro de unos principios morales, religiosos y culturales que hoy en día parecen tan obsoletos como un sistema de télex.

Somos nosotras las que aprendimos que los hombres tenían que ser el centro de nuestras vidas, que nuestra labor era complacerlos en todo, las que hemos tenido que asumir que lo que más detestan es una mujer que esté detrás de ellos todo el día. A nosotras se nos enseñó que el sexo es un acto de amor, hemos tenido que convivir con nuestras propias necesidades físicas y sexuales. Se nos inculcó el amor maternal, tenemos que hacer de tripas corazón cuando dejamos a nuestros hijos para ir a buscar nuestra propia realización y somos nosotras las únicas que podremos lograr que eso llamado igualdad sea algo normal y lógico para ambos sexos.

Las mujeres que hemos sido parte de esta transición somos las encargadas de educar a una nueva generación donde los derechos y la igualdad les llegue del seno materno. Sólo así algún día podremos lograr que una mujer gane lo mismo que un hombre, que las labores domésticas del sector masculino vayan más allá de cambiar un foco y arreglar la videograbadora, que su participación en el nacimiento y crianza de un hijo no sólo sea entrar al parto y cambiar un pañal de vez en cuando.

Sólo así podremos alcanzar algún día que la Biblia incluya la sublevación de Lilith, que a las mujeres se nos haga la circuncisión del himen en cuanto nacemos, que el cerebro esté incluido entre las partes más atractivas del cuerpo de una mujer, que las relaciones de pareja sean un intercambio y no una cacería, que el matrimonio y los hijos sean una sociedad al cincuenta por ciento para cada miembro, y que los hombres tengan la libertad de llorar y expresar libremente sus sentimientos, que esa palabra tan maltratada llamada feminismo sea sólo una descripción de nuestra condición de mujeres y que ese mal llamado machismo, que convirtió a la mujer durante siglos en un ser secundario, desaparezca para siempre. Al fin y al cabo no hay nada más cierto que aquello que dice: "No hay mal que dure cien años, ni mujer que lo resista".

Esta obra se terminó de imprimir
en marzo de 1999, en
Grupo Sánchez Impresores, S.A. de C.V.
Av. De los Valles No. 12, Col. Atlanta
Cd. Cuautitlán Izcalli, Edo. De México

La edición consta de 3,000 ejemplares